최강의 성과창출 도구

OKR
실행 5단계
프로세스

최강의 성과창출 도구

OKR 실행 5단계 프로세스

이재형 지음

plan b
DESIGN

구글의 OKR을 우리 기업에 맞게
새롭게 창조적으로 적용하자!

MBO(Management By Objective)에서 안 되는 부분을 보완하고 더 발전시키고, 그렇게 해서 MBO를 대체한다고 하는 OKR(Objectives and Key Results)은 분명 좋은 도구이고, 잘만 활용한다면 성과를 제대로 창출하는 최강의 성과관리 도구입니다. 하지만 역설적으로 이렇게 강력한 성과창출 도구인 OKR이 모든 기업, 모든 직무, 모든 기업 구성원에게 필요하다고 필자는 보지 않습니다. 그 기업의 업종, 조직 발달 단계, 계층 구조, 조직문화 수준, 커뮤니케이션 수준, 어떤 직무에 종사하는지, 구성원들은 스스로 자발성을 갖고 일을 하는지에 따라 OKR이 굳이 필요하지 않은 기업도 있을 것입니다. 그리고 OKR 도입이 시기상조인 기업도 있을 것입니다. 그리고 당연하게도 이렇게 OKR 도입이 필요하지 않거나 시기상조인 기

업에 OKR을 도입했을 때, 그 부작용과 실패는 명약관화(明若觀火)

합니다. 그래서 부작용이 발생해야 하고, 실패해야 하는 경우가 오

히려 일반적인 상황이 되고 있어 성과관리를 연구하고 강의하는

한 사람으로서 난감하기도 합니다.

무엇이 잘못되었을까요? **먼저, 무분별하게 외부의 트렌드, 유행**

만을 좇아 성과관리라는 조직 운용의 큰 축을 너무나도 손쉽게 바

꾸는 조직의 경영자와 인사담당자의 잘못이 있습니다. 다양성과

창의적 혁신을 추구해야 하는 DT(Digital Transformation, 디지털전환)

시대에 오히려 남들(다른 기업)이 도입했다는 소식을 접하면 모방

하고 따라 합니다. 그냥 있으면 크게 뒤떨어지는 기업이 될까 두

려워 조바심을 견디지 못하고, 우리 회사에 잘 맞는지에 대한 최

소한의 검증과 검토 없이 새로운 것을 도입합니다. 그동안 역량

모델링, 지식경영시스템, 6시그마, KPI, BSC, CSR 등등이 그렇게

해서 도입되었고, 부적응되었고, 거의 실패했습니다.

미국, 일본 등에서 성공한 제도를 새롭게 창조적으로 적용하지

않고 100% 똑같이 복사한 경우에 성공했다는 얘기를 들은 바 없

습니다. 실리콘밸리의 구글에서 발전시키고 성공시킨 OKR 역시

MBO를 인텔(Intel)에 창조적으로 적용하는 과정에서 탄생한 제도

입니다. 그래서 그 당시에는 인텔의 MBO라는 의미에서 iMBO라

고 불렸습니다. 그리고 이 iMBO 역시 구글에 창조적으로 적용되는 과정에서 오늘날의 OKR로 명명된 것입니다. 그리고 다시 이 구글의 OKR이 또 다른 기업으로 전파되고, 자기 발전을 하면서 여러 형태의 새로운 OKR이 출현하고 있습니다. 하지만 우리나라 기업 사람들은 외국의 좋은 제도를 도입하여 자신들만의 노력을 더해 새롭게 창조하려는 노력과 시도보다는 100% 똑같이만 운용하려 합니다.

제가 S전자에서 OKR 강의를 할 때도 마찬가지였습니다. 강의의 내용이 iMBO의 초창기 내용에도 나오는지를 묻고, KR(Key Results) 분류방식이 구글의 KR 분류방식과 같은지를 물었습니다. 한마디로 원전(元典)과 같은 내용으로 강의하는지를 확인하려 했습니다. 물론 필요한 사항입니다. 하지만 인텔의 iMBO가 만들어진 때가 1983년이며, 구글의 OKR이 세상에 처음 모습을 보인 때가 2017년입니다. 그 이후로 구글의 OKR을 도입해 창조적으로 변신시킨 여러 선진기업에 의해 OKR은 수없이 변주되어 오늘날에 이르고 있는 것입니다.

필자 역시 KR 분류방식을 구글의 OKR의 분류방식에서 일부 변형된 형태로 사용하고 있습니다. 또한 OKR의 일반적 체계로 알려진 O-KR-I(Objectives-Key Results-Initiatives) 중 실제로 구글에서는 Initiatives라는 용어를 사용하지 않고 있습니다. 한마디로 원조에서 사용하지 않았던 용어가 오히려 일반적이고 보편적인 용어로 사용되고 있는 것입니다. Initiatives는 구글의 OKR을 후대의 다른 기업과 연구자들이 더 정교하게 가다듬는 과정에서 추가된 개념입니다. 앞으로 삼성전자에서 새롭게 발전시킨 S-OKR, 현대자동차에서 새롭게 만든 H-OKR, LG에서 새롭게 만든 L-OKR의 탄생을 기다려봅니다.

다음으로는 뭐가 되었건 간에 새롭게 도입된 회사의 제도를 대하는 회사 구성원들, 특히 리더들의 인식 문제입니다. 특히 교육으로 모든 문제를 해결할 수 있다는 생각, 즉 교육을 '만병통치약'으로 인식하는 문제를 필자는 언급하고자 합니다. 출강을 나가다 보면 정말 자주 듣는 요청사항이 있습니다. "이론, 원론적인 얘기 말고 실무, 사례 중심으로 강의를 해달라"라는 요청입니다. 즉 그동안 이론에 대해서는 얘기를 많이 들었고, 시간도 없고 하니 거두절미하고 "이 상황에서는 리더가 어떻게 해야 하는지 정답만 알려달라. 모델, 도구, 사례를 알려달라"는 것입니다. 하지만 그러한 정답은 그 상황, 그 구성원에게는 맞을지 모르겠지만, 리더가 계속 맞이해야 하는 상황과 구성원은 점점 더 변화무쌍해질 것입니다. 변화무쌍한 상황이 발생할 때마다 강사가 옆에 앉아 매번 또 다른 답을 떠먹여 줄 수는 없습니다. 학교 교육도 마찬가지인 것이 학교에서는 최대한 다양한 응용문제까지 풀 수 있게 가장 원론적인 이론을 가르칩니다. 그리고 학생들은 이 이론을 바탕으로 시험에 나올 만한 응용문제에 대한 연습을 스스로 하는 것입니다. 좋은 선생님이 교과서적 이론을 얼마나 잘 가르치냐보다, 한번 배운 이론을 갖고 다양한 응용문제를 풀기 위해 얼마나 많은 시간과 노력을 투입했느냐에 따라 학생의 성적은 달라질 것입니다. **강사가 알려준 내용을 새롭게 창조적으로 적용하지 않고 100% 똑같이 복사해 적용한 경우에 성과관리에 성공했다는 얘기를 들은 바 없습니다.**

기업교육 훈련 분야에는 '70:20:10 법칙'이라는 것이 있습니다. 사람이 성장하고, 사람의 행동이 바뀌기 위해서는 10%의 배움(교육 훈련)**에 이어 20%의 배운 것을 현업에 적용하려고 동료들끼리 고민하는 상호학습, 70%의 배우고 고민한 것을 현업에 적용하는 과정 속에서의 시행착오를 통한 학습이 필요하다는 것입니다.** 즉 강의 현장에서 강사로부터 배우는 것은 전체 100% 중 10%에 불과합니다. 이 10%를 가지고 다양한 응용문제를 풀기 위해 스스로 및 상호 간에 고민하고 노력하는 것 20%, 새롭게 배운 것을 사장하지 않고, 처음부터 잘되지는 않겠지만 새로운 시도를 해보는 70%가 있어야 진정한 변화가 가능합니다. 하지만 강의를 의뢰하는 교육 담당자 및 학습자들은 어쩌면 고작 10%의 배움만 있었을 뿐인데, 욕심이 많거나 급합니다. 10% 비중의 강의 현장에서 스스로의 시간과 노력 투입, 새로운 변화를 위한 20%와 70%의 시도 대신 한 방에 모든 것을 얻어가고 해결하려 합니다. 손 하나 까닥 안 하고, 요리하는 대신 배달 음식으로 끼니를 해결하려는 사람들처럼 간단하고 빠르게 해결하려 합니다. **하지만 빠르고 간단한 해결책의 치명적 문제점은 그것이 단지 빠르고 간단할 뿐이라는 것입니다.** 일을 제대로 해결하기 위해서는 아무리 간단한 문제라 하더라도, 그에 걸맞은 시간과 노력이 투입되어야 합니다. **누가 알려주고 떠먹여 주어서는 내 실력이 궁극적으로 향상되지 않습니다. 세상에 일을 해결하기 위한 손쉬운 방법은 없습니다. 어렵고 오래 걸리지만 일을 해결하기 위한 제대로 된 방법만 존재합니다.**

강의 현장에서 리더들이 구성원들의 뒷담화를 합니다. 영업을 하기 위해 현장에 나갔던 구성원들이 돌아와 "고객이 안 하겠다는데요. 안 사겠다는데요"라고만 한다고, "안 하겠다고 하면, 안 사겠다고 하면 그러한 문제를 해결하기 위해 스스로 고민하고 시도하고 대안을 마련할 생각은 하지 않고, 리더에게 안 하고, 안 사겠다고 하는데 어떻게 해야 하느냐?"라고 떠먹여 달라고만 한다고 푸념합니다. 거의 동일한 상황이 '강사-학습자 리더' 간에도 발생합니다. 구성원들을 비난하고 있는데 그런 리더들도 마찬가지인 것입니다. **"구성원들이 목표를 못 받겠다고 하는데 어떻게 해야 하느냐?", "구성원들이 평가등급에 이의를 제기하는데 어떻게 해야 하느냐?"**고 강사에게 질문하면서 떠먹여 달라고 합니다. 물론, 필자가 개발해 제시하는 여러 방법은 있습니다. 하지만 이런 수준의 질문을 하는 리더에게는 그 어떤 방법을 알려주어도 별 쓸모가 없을 것입니다. "내가 이렇게도 해보고, 저렇게도 해보았더니, 구성원이 이렇게 하더라. 그러니 이럴 때는 어떻게 해야 하느냐?"라는 구체적인 질문에는 구체적인 방법이 제시될 수 있습니다. 하지만 "그냥 못 받겠다고 한다, 반발한다"와 같은 막연한 질문을 던지고 떠먹여 달라고 하는 경우는 리더가 구성원의 여러 행태가 마음에 들지는 않아도, 아무런 조치도 취하지 않고 수수방관, 방치하며 문제해결을 위한 그 어떤 노력과 시도도 하지 않는 상황일 가능성이 매우 큽니다. 그리고 곧 성과관리에 대한 교육을 받을 터이니, 그때 해결책을 물어봐야겠다고 마음먹는 것입니다.

어느 정도 학습한 이후에 성과관리 실행을 위해 노력과 시도를 많이 해본 리더는 굳이 많은 교육을 필요로 하지 않습니다. 오히려 강사에게 도움을 주기도 합니다. 막무가내로 떠먹여 달라고 물어보지도 않습니다. 오히려 "나의 시도가 이러이러했는데 맞는 것이냐?"와 같이 확인을 받으려고 강사에게 물어옵니다. 이게 수준 높은 질문입니다. 이런 디테일한 고민과 질문에는 답변하기도 쉽습니다. 하지만 리더가 구성원에게 주로 받는 "안 하겠다는데 어떻게 해요?"와 같은 질문을 리더가 똑같이 강사에게 합니다. 이런 질문에는 정말 어디서부터 설명해주어야 할지 가슴이 답답합니다. 저자이자 강사인 필자도 가슴이 답답할 것이고, 이런 질문을 구성원으로부터 비슷하게 받는 리더 역시 "어디서부터 어디까지 알려주어야 하나?" 하면서 답답할 것입니다.

책과 교육에 대한 기대 수준도 같은 맥락에서 낮추기를 바랍니다. 책과 교육은 없어서는 안 되는 소금과 같은 존재이지만 모든 상황의 모든 문제를 해결해주는 만병통치약은 아닙니다. 기본적인 것조차 모르는 사람들에게 가장 기본적인 것을 잘 정리하여 효과적으로 전달하는 것이 책이고 교육이며, 배움 이후에 그것을 숙달해서 현장에 적용하는 것은 잘 배운 학습자의 몫입니다. 순전히 교육만 잘 받았다고 해서 문제해결과 업무수행에 성공했다는 얘기를 들은 바 없습니다. 앞으로도 어쩌면 영원히 교육 담당자와 학습자들이 정말 원하는 이론, 원론적인 얘기가 아닌 실무, 사례 중심의 교육을 하는 강사는 필자를 포함해 나오지 않을 것입니다. 여기까지가 교육의 한계이고 역할입니다. 이후의 역할은 학습자 스스로

가 책임지고 감당해나가야 합니다. 그래서 학습의 패러다임도 강사에서 학습자 중심으로 아주 오래 전에 바뀐 것입니다.

즉 마찬가지로 새로운 제도가 도입되었을 때 좋은 제도의 정착을 위해 구성원들이 해야 할 역할과 노력, 시도를 하지 않았기 때문에 좋은 제도가 표류하고 결국 난파합니다. 제도가 살아 숨 쉬게 하고, 현업의 성과창출을 돕기 위한 도구로 작동하기 위해서는 사람에게 내재화되고, 사람에 의해 작동되어야 하는데 그러지를 못해 우리 회사에는 맞지 않는 도구, 제도라는 비판, 평가가 나오는 것입니다. 그러면서 또 유행하는 새로운 제도를 수입해옵니다.

이제 OKR의 본격적인 도입에 앞서, 이번만큼은 OKR을 우리 기업에 맞게 창조적으로 변신시키고, 나만의 성과관리 노하우를 하나씩 둘씩 스스로 만들어가는 리더들이 많아지기를 다시 기대해봅니다. 이 방법만이 제가 아는 성공적인 성과관리를 이끄는 유일한 방법입니다.

2023년 3월

어느덧 어쩌다가 일곱 번째 책을 발간하며

이재형(브루스)

먼저, 이 책을 읽기 전에 그리고 읽은 후에라도
성과관리의 기본인 MBO 방식의 성과관리가 궁금하다면,
저자의 前作(전작)을 참고하기 바랍니다.

2020년 9월 발간한
《THE GOAL : 성과관리 리더십》(플랜비디자인)과
2022년 2월 발간한
《THE GOAL 2 : 성과관리, '묻고 답하다'》(플랜비디자인)는
이 책과 바로 연결되는 저자의 직전 前作입니다.
즉, 읽으시는 이 책은
前作 THE GOAL 1, 2의 후속작으로
《THE GOAL 3 : OKR편》입니다.

아울러, 이 책에서
중간 관리자, 리더에 대해서는
그때그때의 상황과 맥락에 맞게
리더, 팀장, 상사 등의 용어를 혼용해 사용했으며,
직원, 팔로워에 대해서는
구성원, 팀원, 직원 등의 용어를 혼용해 사용했습니다.
또한, 기업, 회사, 조직이라는 용어도 혼용해 사용했습니다.

CONTENTS

Part 1

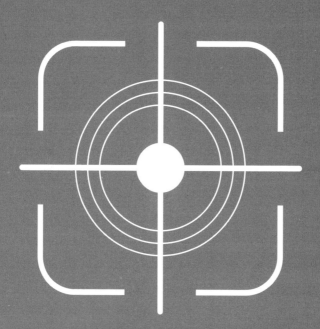

OKR의 등장 배경과
체계 이해

01
1954년~현재, 70여 년 역사의
MBO에 대한 리뷰와 OKR의 등장

🗨️ 우리 회사, 나의 성과관리 리뷰

현재 기준 대부분의 기업은 혹시나 MBO라는 용어를 사용하지 않더라도 실제로는 피터 드러커(Peter Drucker)가 1954년에 개발한 MBO 방식에 의거해 성과를 관리하고 있을 것입니다. 그러다가 최근 그동안 사용해오던 MBO에서 OKR로의 성과관리 방식을 바꾸려는 기업들이 조금씩 늘고 있는 추세입니다.

〈 성과관리 수행 수준에 대한 자기 진단 〉

성과관리 프로세스	아래의 사항에 대해 어느 정도인지 우측 번호에 동그라미로 체크해주십시오.	그렇지 않다	거의 그렇지 않다	보통 이다	대체로 그렇다	그렇다
목표 설정 (Plan)	① 경영진 및 조직장의 업무지시를 명확히 이해하고 있다.	①	②	③	④	⑤
	② 팀의 업무 목표를 공유하고 배분하기 위한 목표 설정 면담을 하고 있다.					
	③ 팀원의 업무 목표를 배분하는 기준을 갖고 있다(업무량, 역량, 연차, 승진대상 등).					

	④ 팀원이 배분된 목표에 대해 거부하는 경우, 설득하기 위한 노하우를 갖고 있다.				
실행 촉진 (Do)	① 평소 팀원들의 일하는 상황, 일하는 모습에 대한 관찰/기록을 한다.				
	② 팀원들의 업무수행상의 문제점을 포착하고, 이를 해결하기 위한 시도를 한다.				
	③ 팀원들의 업무수행상 잘/잘못을 구체적이고 명확하게 팀원들에게 설명할 수 있다.				
	④ 팀원들의 업무 실행 촉진 및 모니터링을 위한 수시/상시 면담을 하고 있다.				
평가 (See)	① 평가 등급, 평가 근거를 설명하고 납득시키기 위한 최종 평가 면담을 하고 있다.				
	② 평가 결과에 대한 이의 제기를 해결하기 위한 노하우를 갖고 있다.				

OKR에 대한 본격적인 학습에 앞서서, 기존 MBO 방식의 성과 관리를 얼마나 잘해오고 있는지 위의 진단표로 점검해보기 바랍니다. 뒤에서도 여러 차례 강조하겠지만, OKR이 새롭게 나왔다고 해서 기존 MBO와 전혀 다른 것이 아닙니다. 기존의 성과관리 방식인 MBO를 충분히 잘 사용하고 있는 회사에서 OKR이 다시 성공하는 것이지, MBO도 제대로 잘 운용하고 있지 않은, 제멋대로 운용하고 있는 회사가 새롭다고 해서 OKR을 도입만 한다고 해서 성공하는 것은 아닙니다.

성과관리의 3단계 프로세스별 세부 활동을 어느 정도 수준으로 하고 있는지 확인해보기 바랍니다. 앞 표의 각 질문에 대해 우측 ①, ②, ③, ④, ⑤번 번호에 동그라미로 체크하는 방식으로 확인해 보십시오. 그리고 체크된 각 숫자 점수를 합산해 전체 점수를 산출 해보십시오.

- 46~50점 : 매우 우수
- 41~45점 : 우수
- 36~40점 : 보통
- 35점 이하 : 미흡

아울러 성과관리 3단계 프로세스별 세부 활동을 어떻게 해오고 있었으며, 각 단계별로 정말 안 되는 활동, 안 되는 이유에 대해서 도 되돌아보고 성찰할 필요도 있습니다.

성과관리의 3단계 프로세스별 세부 활동 중 잘 안 되는 사항과 잘 안 되는 이유에 대해 다음의 양식으로 솔직하게 성찰하고 정리 해보기 바랍니다.

〈 성과관리 3단계 프로세스별 세부 활동에 대한 자기 Review 〉

아래 ①~③ 중 하나만 골라, 가장 안 되는 세부 활동과 가장 안 되는 이유에 대해 기술		
① Plan : 목표 설정 (ex. 목표의 공정한 배분)	② Do : 실행 촉진 (ex. 성과 부진과 동기부여)	③ See : 평가 (ex. 평가등급 배분)
가장 안 되는 세부 활동		
가장 안 되는 이유		

💬 성과관리제도의 70여 년 역사 : MBO부터 OKR까지

다음의 그림으로 하나씩 설명하도록 하겠습니다.

〈 성과관리제도의 역사 〉

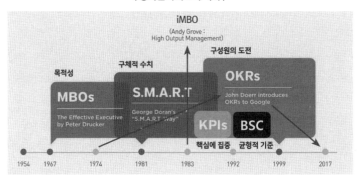

출처 : www.betterworks.com, 원본 내용을 필자가 수정

- 1954년 : 피터 드러커가 《경영의 실제(The Practice of Manage-
  ment)》라는 책을 발간하면서, MBO(Management By
  Objectives and Self-control)라는 성과관리 도구를 처음
  언급. 용어가 길어 'Management By Objectives'
  라고 많이 알려져 있지만, 실제 용어에는 'and Self-
  control'이 더 있었음. 즉 MBO는 '목표'에 의한 성
  과관리, '자기관리(Self-control, 자발성)'에 의한 성과관
  리를 의미함

- 1967년 : 피터 드러커가 《자기경영노트(The Effective Executive)》
  라는 책을 발간하면서, MBO 방식의 성과관리 도구
  를 완전히 체계화함

- 1974년 : 인텔의 CEO였던 앤디 그로브(Andy Grove)가 사내 강
  좌에서 피터 드러커의 MBO를 변형시켜 OKR의 개
  념에 대해 소개하며, 이를 'iMBO(Intel Management by
  Objectives)'라고 부름. 개념만 있을 뿐 아직 OKR이라
  고 명명되지는 않음. 이를 통해 당시 인텔에서 영업
  사원으로 재직하던 존 도어(John Doerr)가 OKR에 대

해 처음 알게 됨

- 1981년 : 조지 도란(George Doran)이 'There's SMART way to write goals and objective'라는 글을 통해서 S.M.A.R.T.라는 목표 설정 원칙을 제시함. 목표는 다음과 같은 원칙에 의거해 설정함

  S) Specific : 구체성

  M) Measurable : 측정 가능성

  A) Assignable : 책임자 명시

  R) Realistic : 현실성

  T) Time-related : 달성 기한 명시

  이후, 다양한 버전이 개발되어 유통되고 있음

- 1983년 : 앤디 그로브가 《하이 아웃풋 매니지먼트(High Output Management)》라는 책을 발간하면서 OKR 방식의 성과관리 도구인 'iMBO'의 내용을 구체화함

- 1980년대 : KPI(Key Performance Indicator, 핵심성과지표)라는 개념이 개발되면서, 목표 달성 여부를 측정하는 지표, 평가의 지표로 사용됨

- 1992년 : 로버트 S. 캐플런(Robert S. Kaplan)과 데이비드 P. 노튼(David P. Norton)이 하버드비즈니스리뷰(HBR)에서 BSC(Balanced Scorecard, 균형성과지표)의 개념을 소개. 기업은 '재무적 관점' 외에 '고객 관점', '업무 프로세스 관점', '학습과 성장 관점'까지 관점의 성과를 균형 있게 관리해야 한다고 강조

- 1999년 : 구글이 창업 시기를 즈음해, 존 도어가 인텔에서 배운 OKR을 구글에 소개함

- 2017년 : 존 도어가 《OKR 전설적인 벤처투자자가 구글에 전해준 성공 방식(Measure What Matters)》이라는 책을 발간하면서 구글의 성과관리 도구인 OKR을 완전히 체계화함

🗨️ 성과관리 명칭 변경 속에서의 패러다임 변화

이와 같은 70여 년간의 성과관리제도의 발전 역사와 우리나라에서 성과관리를 불러왔던 명칭이 어떻게 변화했는지를 통해 성과관리에 대한 패러다임이 또 어떻게 변화했는지를 설명하겠습니다.

다음의 그림과 같이 과거 1980년대, 1990년대까지 '인사고과' 또는 '근무성적평정'이라는 용어를 사용했습니다. 물론, 아직도 여전히 공공 부문에서는 이런 용어들을 사용하고 있습니다. 이 용어는 다분히 "직원 개인이 얼마나 열심히 일하고 있는지? 일찍 출근하고, 늦게 퇴근하며 결근 없이 성실히 일하고 있는지?"에 초점을 맞추어, 구성원이 월급값은 제대로 하고 있는지를 판단한다는 의미를 갖고 있었습니다. 그 판단의 결과로 보상/승진이 결정되고, 그 판단의 결과 뭐가 부족한지를 확인해 그 부족함을 보충하기 위한 교육훈련의 기준점 역할도 합니다.

그러다가 2000년대를 넘어서면서 '인사평가'라는 용어를 사용하게 되었습니다. 하지만 인사평가는 조직의 관점이 아닌 리더와 구성원의 개인 관점에서 누구한테 어떤 평가등급을 주어 보상과 승진이 돌아가게 하느냐에 초점을 맞춘 용어였습니다.

다음으로 2010년대를 넘어서면서는 '인사평가' 대신 '성과평가'

라는 용어를 사용하게 되었습니다. '사람, 인사' 대신 '성과'를 평가

한다는 의미의 용어가 사용되었습니다. 성과평가는 개인의 관점에

서 구성원의 서열을 정하고 평가등급을 배분하는 것에 앞서서, 조

직의 관점에서 "조직이 원하는 목표를 달성했는지? 어떠한 성과를

내었는지?"를 확인하는 것이 더 우선되어야 한다는 의미의 용어였

습니다. 하지만 이 용어는 성과관리의 P-D-S(Plan, 목표 설정-Do, 실

행 촉진-See, 평가)에서 맨 마지막 최종 단계인 See의 평가만 잘하

면 된다는 의미로 잘못 받아들여졌습니다.

<h2>〈성과관리에 대한 명칭 변경 추이〉</h2>

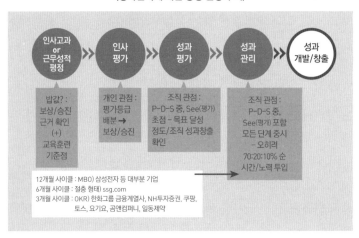

이런 성과평가의 용어상 문제점 때문에 2010년대 후반부터 '성

과관리'라는 용어가 쓰이게 되었습니다. 성과관리는 성과관리의

P-D-S(Plan, 목표 설정 - Do, 실행 촉진 - See, 평가)에서 맨 마지막 최종 단계인 See의 평가만 중요한 것이 아니라, 평가가 잘되기 위해서는 앞단의 Plan과 Do 단계 역시도 잘 관리되어야 한다는 의미에서 '평가' 대신 '관리'라는 용어를 사용하게 된 것입니다. 그래서 '성과평가'가 아닌 '성과관리'라는 용어를 사용합니다. 더 나아가 Plan 단계에 70%, Do 단계에 20%, See 단계에 10%의 시간/노력을 투입해야 한다고 합니다. 물론, 시대로 바뀌고, 용어로 진화하였지만 지금도 여전히 인사평가 또는 성과평가라고 부르는 기업도 많습니다.

💬 OKR의 등장 : 성과'관리'에서 성과'창출'로, '존속적' 혁신에서 '파괴적' 혁신으로

이렇게 진화해오던 성과관리 관련 용어가 2017년 구글의 존 도어가《OKR 전설적인 벤처투자자가 구글에 전해준 성공 방식》이라는 책에서 구글의 성과관리 도구인 OKR을 세상에 알리면서 또 크게 변화합니다.

연도 말이 되면 목표한 실적을 무난히 100% 다 달성하는 방식으로 현재의 성과를 현상 유지한다는 의미로서의 성과'관리'보다는 새로운 성과의 개발/창출을 위해 도전하고 혁신한다는 의미로서의 성과 '개발/창출'이라는 용어가 사용된 것입니다.

하버드 경영대학원의 전(前) 석좌교수였던 클레이튼 크리스텐 슨(Clayton Christensen)이 애기했던 '파괴적 혁신'과도 같은 변화와 혁신이 성과관리제도에서도 발생한 것입니다.

〈 존속적 혁신 vs. 파괴적 혁신 〉

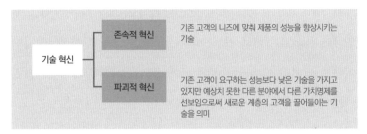

하지만 구조와 내용, 용어를 이전의 것과 완전히 다르게 사용한 다고 해서 파괴적 혁신이 되는 것은 아닙니다. 모든 혁신은 무에 서 유로 창조되지 않습니다. 초장기에는 기존의 것을 모방하고 배 우면서 새로운 혁신이 일어납니다. OKR도 마찬가지입니다. MBO 와 비교했을 때 OKR은 용어도 다르고, 구성체계도 다르며 목표 달성 수준 역시 3단계 또는 2단계로 다르게 운용합니다. 하지만 궁극적으로는 MBO와 전혀 다른 것이 아닙니다.

많은 문헌에서 OKR은 MBO의 원래 뜻이며 취지인 'Management By Objectives and Self-control'을 다시 살려내기 위한 방

법론이라고 합니다. 리더와 구성원이 함께 모여 목표를 설정(Jointly Plan)하고, 일은 각자 수행(Individually Act)하되, 평가할 때(Jointly Control)에는 다시 모여서 하는 MBO를 제대로 해보기 위한 혁신의 방법을 고민하면서 OKR이 탄생했다고 합니다. MBO에서 잘 작동하지 않았던 소통과 피드백을 더 강화하려고 기간을 1년 12개월 한 사이클이 아닌, 3개월을 한 사이클로 운용합니다.

MBO의 기초는 Self-control(자기관리)이며, 핵심은 커뮤니케이션입니다. OKR 역시도 이 Self-control과 커뮤니케이션을 절대적으로 필요로 합니다. 구성원의 Self-control이 개인의 일하는 방식을 바꿀 것이며, 나아가 조직문화를 바꾼다고 합니다. 상하/동료 간 커뮤니케이션이 조직의 전략적 목표를 소통하고, 성과창출을 자극할 것이라고 합니다. 그래서 OKR은 성과를 관리하거나 평가하는 도구가 아니라, 커뮤니케이션하는 도구, 조직문화를 바꾸는 도구라고 합니다.

〈OKR은 MBO를 더 제대로 해보기 위한 방법론〉

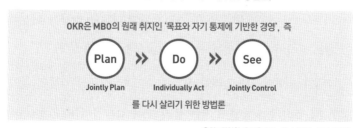

출처 : 장영학·유병은《Why를 소통하는 도구, OKR》

💬 MBO와의 가장 큰 차이점 : '훌륭한 실패'를 장려

MBO는 목표 달성률 100%를 지향합니다. 목표 달성률 100%를 기준으로 평가등급을 배분하고, 보상과 승진을 연동시킵니다. 그러다 보니, 역설적으로 연도 말 평가 시에 누구라도 목표 달성률 100%가 될 만한 무난하고 쉬운 목표를 연초에 설정한다는 것이 문제였습니다. 리더의 방임도 문제였습니다. 리더 자신의 KPI 만점 및 리더가 담당하는 부서의 KPI 만점을 위해 구성원들의 이러한 모럴 해저드에 가까운 행위를 용인하는 경향을 보여왔습니다. 이러한 관성이 생기면서 조직은 실질적 성장을 하지 못하게 되었습니다. 모두 다 100% 만점이라 평가를 하기도 힘들어지고, 보상과 승진을 나누기도 힘들어졌습니다.

OKR은 '훌륭한 실패'를 조장하고 장려합니다. MBO와는 달리 성공 확률이 60~70% 정도밖에 안 되는 목표 수준, 달성률이 '0'만 아니면 되는 목표 수준을 설정하다 보니, 성공이 아닌 실패는 불가피합니다. 하지만 이러한 실패의 자산이 쌓이고 쌓여, 결국 언젠가는 비즈니스의 판을 바꾸는, 비즈니스 패러다임을 바꾸는 혁신적인 제품과 서비스가 탄생할 것이라는 믿음을 갖습니다.

늑대의 우두머리는 무리가 사냥에 실패해, 지치고 짜증이 극에 달할 때 무리의 구성원 모두를 불러 모아 합창을 한다고 합니다.

하울링(howling)이라는 늑대들의 합창을 하는 것입니다. 따라 하지 않는 구성원들을 하나씩 둘씩 참여시켜 분열될 수 있는 마음을 하나로 모읍니다. 누군가를 처벌하는 게 아니라 다음 사냥에 성공하는 것이 더 중요하다고 생각하는 것입니다. 늑대 신화를 갖고 있었던 로마 역시 패배한 장군을 처벌하지 않았는데, 늑대 무리의 행태에서 배웠는지도 모르겠습니다. OKR을 도입한 글로벌 기업들은 '누구 잘못'인지를 잘 따지지 않습니다. 처벌보다 다음 성공이 더 중요한 것입니다. 실패 없이 성공하는 경우는 드뭅니다. 훌륭한 실패가 쌓이고 쌓여 최후의 승리와 성공을 가져온다는 믿음으로 인내하고 기다리는 것입니다.

02
OKR이란 무엇인가? :
OKR의 개요와 체계, 주요 특징들

OKR은 Objectives의 O와 Key Results의 K, R이 결합한 표현입니다. 즉 MBO 대비 목표와 핵심 결과물에 더 초점을 맞추어 현재의 성과를 유지하는 것 외에 기존에는 없던 성과를 새롭게 창출하기 위해 인텔을 거쳐 구글에서 완성된 성과관리제도입니다.

💬 OKR의 구성 체계와 각 요소별 주요 특징들

먼저, Objectives는 한국말로는 목표로 번역되기는 하겠지만, OKR에서의 실제 의미는 목표보다는 목적(Goal)에 더 가까운 개념입니다. 우리 팀, 우리 조직이 존재하는 이유, 존재의 목적과 같은 것이며, 우리가 이 일을 해야 하는 본질적 의미라는 뜻에서 미션(mission)과도 같은 개념입니다. 또한, 개수, %와 같은 수치로 정량적으로 표현되기보다는 정성적으로 표현됩니다.

〈 OKR의 구성 체계 〉

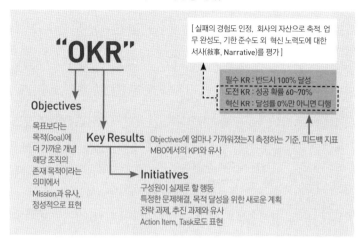

Key Results는 목적, 미션이었던 Objectives에 얼마나 가까워졌는지를 측정하는 기준입니다. 어느 지점에 와 있다는 것을 알리는 피드백 지표입니다. MBO에서 사용되고 있는 KPI(Key Performance Indicator, 핵심성과지표)와 거의 동일한 개념입니다. 주로 정량적으로 표현되나, 정성적으로 표현되기도 합니다. Key Results는 그 수준에 따라, 3단계 또는 2단계로 구분되는데, 3단계인 경우 한 주기 말이 되면 반드시 100%가 달성되는 '필수 KR(Key Results)', 성공 확률이 60~70% 정도밖에 안 되는 '도전 KR', 달성률이 '0'만 아니면 다행인 '혁신 KR'로 구분될 수 있습니다. 하지만 여기서 의문이 생길 수 있습니다. 필수 KR은 그렇다 치더라도 도전 KR과 혁신 KR은 결국 목표 달성률이 100%가 안 된다는 것인데, 그럼 어떻게 평가해야 할까요? 목표 달성률이 100%가 안 되기 때문에 정량적으로 평가하기는 어려울 것입니다. 그렇기 때문에 OKR은 MBO와는 달리 정성적으로 평가해야 할 경우가 많습니다. 비록 목표 달성률이 100%가 아닌, 60~70%밖에 되지 않아도, '0'을 간신히 면하는 수준일지라도 Key Results와 Objectives를 달성하기 위해 구성원이 어떤 혁신의 노력 과정을 거쳤는지 리더가 정성적으로 평가합니다. 물론, 정성적으로 평가가 이루어지다 보니, 평가의 근거가 수치로 확보되지는 못할 것입니다. 따라서 리더가 구성원의 성과를 있는 그대로 왜곡됨 없이 평가할 것이라는 신뢰가 전제되어야 합니다.

Initiatives는 Key Results라는 행동의 결과물을 이루기 위해 구성원이 실제로 할 행동, 계획 등을 의미하며, 전략 과제, 추진 과제, Action Item, Task 등으로 표현됩니다.

맨 상위의 Objectives와 하위의 Key Results, 맨 아래의 Initiatives는 다음의 그림처럼 상하 및 상호 관계를 갖고 있습니다.

정해져 있는 것은 아니고, 정할 수도 없는 것이지만 "한 사

〈 OKR의 상하/상호 체계 〉

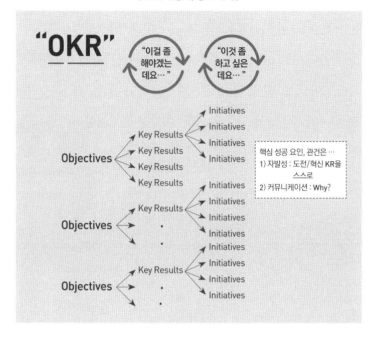

〈 OKR의 상하/상호 체계 〉

람의 구성원에게 몇 개의 Objectives가 적당한가?", "한 개의 Objectives에 또 몇 개의 Key Results가 적당한가?"라고 물어보는 리더들이 많아 얘기합니다. 구글의 3-3-3 원칙에 의하면 3개월의 기간 내에, 구성원 한 명당 3개의 Objectives, 한 개의 Objectives당 3개의 Key Results가 적당하다고 합니다. 필자의 생각으로는 한 개의 Key Results에는 결과물을 만들어내기 위한 Initiatives는 개수와 상관없이 적거나 많아도 괜찮겠습니다. 다만, 이러한 구성 체계/상호 체계하에서 OKR이 성공하기 위해서는 도전적 KR과 혁신적 KR을 스스로 설정하려는 '자발성'과 Top-down/Bottom-up의 '수시/상시 커뮤니케이션'이 전제되어야 합니다. "이걸 좀 해야겠는데요, 이걸 좀 하고 싶은데요"라는 말이 구성원 입에서 먼저 나올 수 있는 자발적 분위기와 자유롭게 말하는 것이 특별한 것도 아닌, 자연스러운 문화로 조성되어 있어야 합니다.

Key Results는 그 수준에 따라 3단계 또는 2단계로 구분된다고 하였습니다. 다음의 표와 같이 정리합니다.

표 하단의 Maintain/On Target/Stretch Goal은 필자가 출강을 나갔던 ○○제약에서 KR을 분류하는 방식입니다.

여러 도서, 논문, 자료 등을 살펴보면, 현재 기준 국내/외 많은 OKR 컨설팅 회사들이 국내 기업에 적용하고 있는 OKR 모델은 초창기 인텔, 구글의 모델과는 다르게 많이 진화한 모습을 보입니다. OKR을 세상에 iMBO라는 형태로 처음 소개한 앤디 그로브의 책《하이 아웃풋 매니지먼트(High Output Management)》(1983)에서도 Objectives-Key Results-Initiatives로 이어지는 체계에 대한 언

〈KR의 3단계/2단계 분류〉

구분	KR의 Level 분류			출처
3단계 분류	필수적 KR (Committed, Operational)	점진적 도전 KR (Roof-shot)	도전적 KR (Moon-shot, Aspirational)	1. John Doerr 저, 《OKR》 2. Google re:Work : Fellipe Castroguide research
	어렵지만 100% 달성 가능	매우 어렵지만 100% 달성 가능	누가 봐도 100%는 불가능 70% 정도 달성 가능	
3단계 분류	필수 KR	도전 KR	혁신 KR	1. 장영학·유병은 저, 《Why를 소통하는 도구, OKR》 2. https://alignup.io
	반드시 100% 달성 가능	성공 확률 60~70%	달성률 0%만 아니면 다행	
2단계 분류		성공	탁월한 성공	1. https://rework. withgoogle.com/guides/ set-goals-with-okrs
		목표 수준의 70%를 달성	70% 달성이면 성공이었던 KR을 100% 완전히 달성	

목표 달성 수준 정의			
Maintain	**O**n Target	**S**tretch Goal	목표 달성 수준별 점수 구간
과거 수준 유지 개선 필요	시장/과거 대비 우위 기대 성과 달성	도전 목표 시장선도	

급은 없습니다. 성과관리 체계보다는 Bottom-up으로 목표를 설정하고 도전하고 혁신하는 성과창출 문화 조성, 일하는 철학에 대한 얘기가 대부분입니다. 심지어, OKR을 사용하면서 가장 흔하게 작성하는 Initiatives 역시도 구글에는 없는 용어/체계입니다. 회사에 따라 Action Item, Task 등의 용어로 달리 사용합니다.

어떤 혁신 도구이든, 원조를 모방하고 그대로 가져와서 성공했다는 얘기를 들어본 적이 없습니다. 인텔과 구글의 초창기 모델을 여러 기업에서 성공시키기 위해, OKR을 범용적으로 보다 쉽게 전파하기 위해 덧대고 덧대어 오늘날 매우 다양한 OKR 버전이 운용되고 있습니다. 앤디 그로브가 피터 드러커의 1954년 MBO를 가져다 그냥 사용하지 않고, iMBO로 만들어 OKR을 창조한 것처럼 자기만의 OKR을 만들지 않으면 원조 이상으로 OKR을 성공시킬 수는 없다고 생각합니다. 1960~1980년대 인텔의 상황과 지금 우리 회사 상황은 많이 다를 것입니다. KR의 단계 역시 필요하다면 더 여러 개로 운용해도 될 것이며, 그 수준 역시도 우리 회사의 필요에 따라 정해서 사용하면 됩니다.

💬 OKR의 한 주기 사이클은 3개월

다음은 앞서서 잠시 언급한 OKR의 한 주기 사이클에 대한 설명입니다. OKR은 MBO의 한 주기 사이클인 1년 12개월이 길다고 합니다. 변화의 속도가 점점 더 빨라지는 경영 현장에서 연 단위 계획을 연초에 세워놓고 경직되게 운용해서는 변화무쌍한 여러 외부 변수에 대한 대응이 원활하지 못할 것이라는 판단입니다. 그래서 OKR은 한 주기 사이클을 기본적으로는 3개월로 운용합니다.

하지만 여기에서의 3개월은 1월에서 3월, 4월에서 6월과 같은

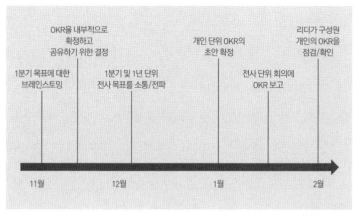

〈 OKR의 한 주기 사이클 〉

OKR을 내부적으로
확정하고
공유하기 위한 결정

1분기 목표에 대한
브레인스토밍

1분기 및 1년 단위
전사 목표를 소통/전파

개인 단위 OKR의
초안 확정

전사 단위 회의에
OKR 보고

리더가 구성원
개인의 OKR을
점검/확인

11월   12월   1월   2월

출처 : re:Work

한 분기를 의미하지는 않습니다. 프로젝트별로, 과제별로 어떤 것
은 1월에 시작해서 3월에 끝나는 것도 있고, 다른 어떤 것은 2월
에 시작해서 5월에 끝나는 것도 있습니다. 3개월 한 분기를 의미
하는 것도 아니고, 반드시 3개월 단위로 끊어가라는 것도 아닙니
다. 변화가 빠른 세상이니 프로젝트의 시작부터 끝까지를 3~4개
월 정도로 진행하자는 것입니다.

위의 그림을 보면 11월 중에 Objectives에 대한 토의를 시작
해 11월 말경 내부 시스템에 확정된 Objectives를 등재하고 공
유합니다. 그리고 그렇게 자연스럽게 일은 시작됩니다. 한 달 정
도 뒤인 12월 중순경에는 일의 진행 경과에 대한 소통 미팅을 진

행합니다. 다시 한 달 뒤인 1월 중순경에는 각 개인이 담당하고 있는 Objectives와 Key Results의 추진 결과에 대한 보고 초안을 정리합니다. 1월 말경에는 보다 더 큰 규모의 회의 석상에서 Objectives와 Key Results의 추진 결과를 발표합니다. 그리고 최종적으로 2월 중순 정도에는 리더가 구성원이 추진한 Objectives와 Key Results 결과에 대한 평가를 합니다. 이렇게 11월 중순에 시작한 어느 한 구성원의 OKR이 3개월 뒤인 2월 중순에 종료가 되는 것입니다.

일부 팀의 경우 3개월 동안 더 자주 소통 미팅을 진행할 필요도 있을 것입니다. 소통 미팅은 모든 팀원에게 새로운 정보에 적응할 수 있는 기회를 제공하고, 제대로 달성되지 못할 목표는 포기하고, 실패와 성공의 경계선에 있는 목표에 대한 전체의 관심을 높이는 역할을 할 것입니다. 중간 점검을 위한 소통 미팅은 전체가 동일한 목표에 계속 집중할 수 있도록 해주며, 어떤 팀의 경우에는 한 주기 목표에 대한 비공식적 검토로도 충분하지만 다른 어떤 팀의 경우에는 보다 공식적인 접근방식이 필요하기도 합니다.

03
MBO와 OKR의 비교 :
MBO에 대한 흔한 오해와 MBO를 위한 변명

💬 MBO의 전체 구조

목표에 의한 경영관리(Management By Objectives)의 약자인 MBO
는 경영의 구루(Guru, 대가) 피터 드러커에 의해 1954년에 처음 그
개념이 마련됩니다. 즉 2023년을 기준으로 지금으로부터 69년
전에 탄생한 것입니다. 1954년 탄생한 이후, 1967년 피터 드러커
가《자기경영노트(The Effective Executive)》라는 책을 발간함으로써
체계화된 MBO는 여전히 여러 기업에서 채택하고 운용하고 있는
유효한 성과관리제도입니다.

하지만 수많은 기업이 채택하고 있는 성과관리제도이기 때문에,
그에 따르는 비판과 문제 제기 역시 그에 비례해 많습니다. "미국
은 모르겠는데, 우리나라 현실에는 맞지 않는 것 같다.", "목표 수
준을 낮게 잡아, 연도 말이 되면 모두 다 달성률이 100%, 만점이 되

어버려 실제 성과관리가 되지 않는다." 이렇게 더 효과적인 성과관리제도에 대한 목마름이 우리 기업 현장에 있습니다. 그리고 그 대안으로 논의되고 있는 것이 OKR입니다. 하지만 OKR을 제대로 이해하기 위해서는 MBO에 대한 제대로 된 이해와 고찰, 평가가 전제되어야 합니다. 특히 우리 기업 현장에서는 MBO에 대해 미국과는 달리 간과하고 있는 부분이 많아, 다시 정리해 설명하고자 합니다.

기업 구성원의 연 단위 목표는 경영진으로부터 현장의 구성원에 이르기까지 위에서부터 아래로의 Top-down으로 이루어지는 것이 맞을까요? 아니면, 시대도 바뀌고 세대도 바뀌고 있으니 민주적인 방식으로 맨 아래 구성원으로부터 의견을 수렴하여 맨 위 경영진에게 전달하는 아래서부터 위로의 Bottom-up 방식으로 이루어지는 것이 맞을까요? 제가 성과관리 강의를 할 때 기업의 리더들에게 꼭 물어보는 질문입니다. 이런 질문을 하면 시대와 세대가 바뀌었음에도 불구하고, Top-down이라는 답변이 여전히 다수입니다. 맞습니다. 조그마한 구멍가게도 아니고 콩가루 집안이 아닌 이상 목표는 맨 위 경영진으로부터 맨 아래 구성원에 이르기까지 Top-down으로 내려오는 것이 맞습니다. 경영학과 리더십을 연구하고 강의하는 많은 사람들이 또 그렇게 말하고 있습니다. 다만 목표 설정 이후에 그 목표를 달성하기 위한 세부 추진

계획, 세부 실행 계획은 Bottom-up으로 아래에서 위로 수렴되어 올라가는 것이 맞다고 합니다.

하지만 이렇게 목표가 위에서 아래로 Top-down으로 내려오게 되면 문제가 하나 있습니다. 구성원이 싫어한다는 것입니다. 펜실베이니아대학의 마케팅 전공 교수인 조나 버거는 "사람은 자기가 선택하고 결정한 것에 주인이 된다"고 합니다. 즉 그 반대라면 주인이 안 된다는 얘기입니다. 사람들은 기본적으로 자신에게 통제권이 있다고 느끼고 싶어 합니다. 그렇기 때문에 그 누군가가 무엇인가를 시킨다면 그들은 힘을 뺏긴 기분을 느끼게 됩니다. 스스로 선택했다기보다는 누군가가 그들의 선택을 대신 해주었다고 느낍니다. 그러다 보면 원래 기꺼이 하려고 했었던 일조차도 싫다고 하면서 다른 짓을 하게 되는 경우가 많습니다.

시험 기간임에도 불구하고 여전히 TV를 보고 있는 아들. 아빠는 걱정이 되어 더 이상 참지 못하고 "이제 TV 그만 보고 방에 들어가서 공부하라"고 잔소리를 합니다. 아들은 그렇지 않아도 지금 보던 프로그램이 10분 뒤에 끝나기에 이것만 보고 방에 들어가 공부할 생각이었습니다. 하지만 아빠의 그 말 한마디에 갑자기 공부하기가 싫어집니다. 방에 들어오긴 했지만, 왠지 모르게 아빠의 그 말에 따르기 싫어 공부하는 척하면서 핸드폰으로 게임을 합니다. 지시나 통보 대신 스스로 선택하도록 상황을 만들어주어야 합니다. 기업의 구성원들에게 일을 시키는 것도, 아들에게 공부하라고 하는 것도 마찬가지입니다. 지시는 저항과 방관을 불러오고, 자율은 주인의식과 몰입을 불러옵니다. 조금 돌아가고, 그만큼 좀 늦어지더라도 아무리 중요하고 급한 일이어도 경영진과 리더는 구성원 스스로가 선택하고 스스로 결정하도록 업무 프로세스를 구축해야 합니다.

이런 상황 때문에 등장한 것이 1954년의 MBO입니다. **실제로 MBO는 앞서 필자가 얘기한 Top-down과 Bottom-up의 조화를 추구하기 위해 피터 드러커에 의해 고안된 것입니다.** 21세기 지금의 미국도 아니고, 20세기 1954년의 미국이라면 전 세계 자유민주주의 체제의 표준국가인 미국 역시도 옛날이니 기업 현장에 권위주의가 만연해 있었을 것이며, 수평적이라기보다는 Top-down의 수직적 조직문화가 자리를 잡고 있었을 것입니다. 바로 이런 시대에 피터 드러커는 Top-down 외에 Bottom-up의 개념을 추가해 성과관리제도를 만들어냈는데 그것이 바로 MBO입니다. 이래서 피터 드러커와 피터 드러커가 만든 MBO가 대단한 것입니다. MBO는 실제 Top-down의 일방적 지시와 명령이 만연되어 있었던 그때까지의 성과관리제도에 민주적 수렴을 중시하는 Bottom-up의 개념을 추가해 만들어졌습니다.

　다음 그림의 'MBO의 전체 구조'와 함께 필자가 더 자세히 설명하겠습니다. 먼저 MBO의 전체 구조는 '목표 합의-목표 수행-평가 시행'으로 되어 있습니다. 즉 MBO 역시 P-D-S의 업무 프로세스로 'Plan, 목표 합의-Do, 목표 수행-See, 평가 시행'의 구조로 되어 있는 것입니다. 그리고 이러한 '목표 합의-목표 수행-평가 시행' 구조의 상단에는 조직(또는 경영진 및 리더)이, 하단에는 개인(직원 또는 구성원)이 위치합니다.

〈 MBO의 전체 구조 〉

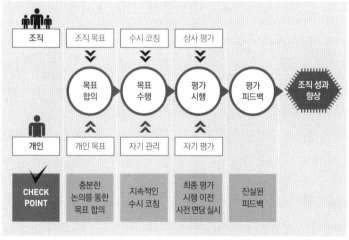

출처 : 이재형, 《THE GOAL: 성과관리 리더십》

💬 MBO의 각 단계별 세부 내용

이제부터는 각 단계별로 'MBO의 내용'에 설명하겠습니다. **첫 번째 Plan에 해당하는 '목표 합의' 단계입니다.** 가장 먼저 목표는 바로 앞서서 설명했던 것처럼 경영진으로부터 구성원에게 위에서 아래로 Top-down으로 내려옵니다. 하지만 이렇게만 되면 그 목표를 받게 되는 구성원들이 싫어하고, 저항하고, 따르지 않고 다른 짓을 하려고 할 것이므로 "Bottom-up의 프로세스도 필요하다"고 피터 드러커는 주장했습니다. 그래서 프로세스를 추가한 것이 '목표 설정 면담'입니다.

목표를 경영진과 리더가 Top-down으로 일방적으로 지시하고 통보하지 말고, Bottom-up이 될 수 있도록 전 구성원을 참여시켜 목표에 대해 충분한 논의를 통해 시간이 오래 걸리더라도 여러 차례 면담을 거쳐 상호 합의하라고 합니다. 이렇게 했을 때는 목표가 아무리 Top-down으로 위에서 내려온 것이지만, 구성원이 결국에는 리더와 여러 차례 면담을 통해 동의하고 받아들이게 된 것이므로 구성원에게는 그 목표에 대한 자기 수용을 통해 주인 의식이 생깁니다.

리더가 일을 시키지만, 그 시킨 일을 직접 수행하는 것은 구성원입니다. 목표를 부여하는 단계에서부터 그 목표와 일에 대한 자기 수용도를 제고시켜 주인의식을 갖고 능동적이고 자율적으로 움직이도록 하기 위해 Top-down에 Bottom-up을 더한 '목표 설정 면담'은 필수적입니다. 이를 통해 조직 목표-개인 목표 간 정합성도 제고됩니다. 이러한 필요성 때문에 성과관리를 강의하는 강사들과 기업의 인사담당자들이 목표 설정 면담을 하라고 강조하는 것입니다. 그리고 더 나아가 회사에서는 목표 설정 면담을 할 수 있도록 연초에 기간도 통제하고, 목표 설정 내용과 면담 내용을 입력할 수 있도록 자체 인트라넷도 개발하여 운영하는 것입니다.

다음은 Do에 해당하는 '목표 수행' 단계입니다. 연도 중 직무를 수행하는 구성원에 대해 리더는 모니터링을 통해 그 직무수행 경과를 수시로 확인합니다. 과거에는 이런 모니터링을 위해 6월 말, 7월 초 정도에 중간 평가 면담을 하도록 기간과 시기를 인사팀에서 통제하기도 했습니다. 하지만 최근 들어 수시, 상시 성과관리의 개념이 적용되면서 6월 말~7월 초에 하는 중간 평가 면담 외에 분기별 1회 또는 리더의 필요에 의해 그 이상의 횟수로 모니터링 면담을 하도록 하는 기업도 많아지고 있습니다. 하지만 이러한 리더의 수시/상시 성과관리를 위한 모니터링 면담은 기본적으로는 리더가 주도하는 Top-down의 업무관리 행동입니다. 여기에 또 Bottom-up의 개념을 추가한 것이 피터 드러커입니다.

피터 드러커는 리더가 모니터링을 위해 면담을 하고, 면담 과정을 통해 일을 더 잘할 수 있도록 수시 코칭도 해야 하지만, 일은 기본적으로 구성원 스스로가 '자기관리'를 통해 스스로 해야 하는 것이라고 하였습니다. MBO의 기초는 '자율성에 의한 자기관리(Self-control)'라고 합니다. 흔히들 오해하는 것처럼 MBO는 목표와 일과 사람들을 Top-down으로 강제로 밀어붙이며 기계적으로 성과를 관리하는 것이 아닙니다. 그래서 피터 드러커는 MBO의 Management By Objectives에 'Self-control'의 개념을 추가해 MBO를 Management By Objectives and Self-control이라고 명명하였습니다. 즉 실제 MBO는 목표 그 자체를 관리만 잘하는 것이 아니라, 구성원의 자기관리에 의한 목표관리를 통해 최종적으로는 성과관리, 성과창출을 잘하는 것을 의미합니다. Top-down의 업무관리 활동보다 Bottom-up의 자기관리 능력이 더 중요시되는 것이 이 목표 수행 단계입니다. 또한 **피터 드러커는 이러한 '자기관리 능력'을 갖고, 큰 목표는 경영진이 결정해 내려주겠지만, 그 큰 목표를 이루기 위해 필요한 작은 목표들을 스스로 설정하고 일이 잘될 수 있도록 스스로 노력하는 사람을 '지식노동자'**

라고 하였습니다. 반면에 스스로 목표를 설정하지도 않고, 시키는 일만 하는 사람들은 고대 로마시대나 중세시대의 '노예'와 같은 존재일 것입니다.

로마시대나 중세시대에는 시민이었던 자유인과 대비되는 신분 계급으로 노예가 있었습니다. 정복된 피지배 국가에서 잡혀 와 목에 목줄을 차기도 했던 노예들은 맞아 죽지 않기 위해, 굶어 죽지 않기 위해 주인이었던 시민, 자유인이 하라는 대로 그 지시를 따를 수밖에 없었습니다. 반면, 현대사회에서는 신분상의 노예는 없지만, 실제 노예처럼 시키는 일만 하면서 억지로 일하는 사람들이 많습니다. 하지만 로마시대와 중세시대의 노예와는 가장 큰 차이점이 있습니다. 로마시대나 중세시대의 노예는 목줄을 차고 있기 때문이기도 하지만, 본인들이 노예라는 사실을 당연하게 인식하고 있었습니다. 반면, 현대사회의 노예는 노예처럼 일하면서도 본인들이 자유인, 시민이라고 잘못된 인식을 하고 있는 것입니다. 지금 이 책을 읽는 여러 다양한 조직의 중간관리자와 경영진에게 여쭙고 싶습니다. 과연 회사 내에서 자유인인 지식노동자와 일하고 계십니까? 아니면, 시키는 일만 간신히 하거나, 그 시킨 일도 제대로 하지 못하는 노예와 일하고 계십니까? 회사 내의 지식노동자와 노예의 비중은 각각 어느 정도나 됩니까? 노예가 많을수록, 너무나도 당연하게 일일이 일을 다 시키고, 어떻게 처리했는지도 일일이 다 확인해야 하니 관리자의 관리 부담은 커질 수밖에 없을 것입니다.

하지만 이렇게 된 상황이 모두 노예처럼 일하는 개인의 잘못만은 아닐 것입니다. 산업혁명 이후 20세기 들어 극단적 효율만을 강조하는 경영의 패러다임이 대세가 되면서 회사는 직원들의 개인 특성은 무시하고, 일률적으로 9시에 출근하고 18시에 퇴근하게 하는 근태관리제도를 운용합니다. 물론, 산업혁명 초기에는 9 to 6의 하루 8시간 노동이 아닌, 20시간 노동을 했습니다. 그러다가 차츰 그 시간이 줄면서 오늘날의 주 40시간, 하루 8시간이 된 것입니다. 이 8시간도 서유럽의 여러 국가처럼 차츰 더 줄어들 것입니다. 어떤 사람은 아침잠이 많아 오전에 늦게 일어나 오후부터 저녁까지 일하는 것이 효율적일 것이며, 또 어떤 사람은 굳이 회사에 출근해 일하는 것보다는 집에서 편한 복장으로 편한 공간에서 일하는 것이 더 효율적일 것입니다. 하지만 회사와 경영진은 이런저런 직원들의 개인 사정까지 들어줄 생각이 없었습니다. 회사와 경영진이 직원들을 믿지 못해 모두 동일한 시간대에 출근하고 동일한 시간대에 퇴근하기를 바랐습니다. 그리고 그것도 경영진이 일을 하는지 안 하는지를 한눈에 지켜볼 수 있게 같은 공간에 나와 일하기를 바랐습니다. 그렇게 탄생한 인사제도가 근태관리제도입니다. 아직도 여러 회사에서 근태관리 위반을 이유로 직원들을 해고하기도 하고, 관리자의 불성실함을 비난하기도 합니다. **이런 근태관리제도를 잘 지키면서 시키는 일만 제대로 수행하는 순종적이고 근면한 특성을 갖고 있는 직원들을 회사와 경영진이 채용 단계에서부터 뽑았던 시기가 바로 20세기입니다.**

게리 하멜(Gary Hamel, 런던 비즈니스스쿨 객원교수)은 자신의 책《경영의 미래》에서 조직에 공헌하는 인간 능력의 수준을 6단계로 나누어 설명합니다. 맨 아래 단계의 순종, 복종의 단계에서부터 근면,

〈 조직에 공헌하는 인간의 능력 6단계 〉

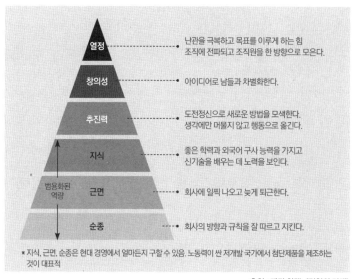

출처 : 게리 하멜,《경영의 미래》

성실의 단계, 지식을 발휘하는 단계, 추진력을 발휘하는 단계, 창의성을 발휘하는 단계, 열정을 발휘하는 단계인데, 게리 해멀은 아래의 순종-근면-지식의 단계는 어떤 회사, 어떤 리더라 할지라도 쉽게 확보할 수 있는 직원들의 능력인 반면에, 상위의 3가지 능력(추진력, 창의성, 열정)은 쉽게 확보할 수 없는 능력이라고 합니다.

쉽게 확보할 수 있는 능력을 가진 직원들만을 쉽게 확보하고, 그 이상의 능력은 굳이 필요로 하지 않았던 20세기. 마찬가지로 회사와 경영진은 그 이상의 지식노동자를 굳이 필요로 하지도 않았던 것입니다. 따라서 회사 입사 이전에 자유인이고 지식노동자였던 직원들 역시 근태관리제도라는 커다란 굴레에 갇혀, 목줄에 묶여 시키는 일에 순종하고 복종하며 근면, 성실하게 9 to 6 근무를 하는 노예가 되어버렸던 것입니다. 이에 게리 하멜은 다음과 같이 또 얘기합니다. "관리·통제는 20세기 방식이다. 관료주와 위계에 갇혀 직원들은 아이 취급을 받으면서 만족 없이 주어진 일만 하고 있다. 통제에 초점을 맞추지 말고, 직원들을 해방시켜야 한다."

3년의 코로나 펜데믹을 거치면서 미국에서는 '대퇴사 시대(The Great Resignation)'라는 용어가 회자되었습니다. 코로나 3년 동안 오피스 근무가 아닌 재택, 원격 근무를 경험하면서, 본인들이 원하는 자유로운 공간과 자유로운 시간대에서 일했던 많은 인재가 오피스 근무를 거부하면서, 코로나 이후에도 자유롭게 근무할 수 있는 직장을 찾아 기존 회사를 퇴사하는 현상을 가리키는 용어입니다.

우리가 지금 살고 있는 21세기는 피터 드러커가 얘기한 '지식노동자', 게리 하멜이 얘기한 추진력과 창의성, 열정을 갖고 9 to 6가 아닌 자유로운 공간과 시간에서 스스로 성과를 창출해내는 '자유인'을 많이 보유한 기업이 최후의 승자가 될 것입니다. 이런 지식노동자와 자유인을 많이 보유한 기업에 가장 잘 맞는 성과관리제도가 OKR입니다. OKR은 실적이 '0'만 아니면 되는 목표, 성공 확률이 60~70%밖에 안 되는 목표를 설정하라고 합니다. 노예들은 불이익을 두려워해 최종적으로 실적 100%를 무난하게 달성할 수 있는 목표만을 설정합니다. 반면, 지식노동자와 자유인은 회사의 성장과 자신의 성장을 위해 실패를 두려워하지 않고 도전하고 혁신합니다.

이렇게 중요한 Self-control, 즉 자기관리 능력을 구성원이 갖게 하기 위해서는 바로 앞의 목표 합의 단계가 정말 중요합니다. 첫 단계인 목표 합의 단계가 전체 프로세스에서 가장 중요한 이유이기도 합니다. 가장 중요한 단계이기 때문에 이 단계에 시간과 노력을 70% 이상 투입해야 합니다. 그리고 목표 수행 단계에는 20%의 시간과 노력을, 마지막 평가 시행 단계에는 10%의 시간과 노력을 투입해야 합니다. 목표 합의 단계에서 목표를 일방적으로 지시받고 통보받았다면, 목표 수행 단계에서 구성원의 자기관리 능력은 발현될 수 없을 것입니다. 반면, 목표 합의 단계에서 시간이 다소 지체되더라도 여러 차례 목표 설정 면담을 통해, 1년 중 해야 할 구성원의 목표와 일에 대해 충분히 논의하고 최종 합의했다면 구성원의 자발적, 자율적 자기관리 능력은 확보될 수 있을 것입니다.

이와 관련해 필자가 TV에서 본 내용을 소개하겠습니다. tvN의 '벌거벗은 세계사'(2021년 3월 6일 방영분)에서 세계의 정복자 중 한 명인 알렉산더 대왕에 대해 다룬 편이 있었습니다. 알렉산더 대왕이라고 흔히 호명되었었는데, 정확한 명칭은 알렉산드로스 대왕입니다. 기원전 333년 그리스 마케도니아의 알렉산드로스 대왕은 페르시아 정벌을 위해 페르시아의 심장부에 해당하는 이소스까지 진격을 합니다. 이에 당시 페르시아 왕이었던 다레이오스 3세 역시 60만 대군으로 추정되는 병력을 이끌고 서진하여 알렉산드로스 대왕을 맞이하게 됩니다. 알렉산드로스 대왕은 자신들의 병력보다 2배에 달하는 페르시아 대군을 보고 자칫 사기가 꺾일 수 있는 마케도니아의 병사들 앞에서 다음과 같이 연설했다고 합니다.

지금도 그리스에서 어린 학생들에게 가르치는 내용이라고도 합니다.

"저기 앞의 적들은 허수아비에 가깝다."
"저들은 자신의 의지로 싸우지 않는다."
"저들은 왕의 명령에 따라서 싸우기 때문에 싸우는 이유를 모른다."
"저들은 노예다."
"하지만 우리는 싸워야 할 이유를 안다."
"이 싸움은 노예 대 자유인의 싸움이다."

예나 지금이나 수천 년이 지나 시대가 바뀌어도 리더의 역할은 크게 다른 것 같지 않습니다. 리더는 싸워야 하는 이유, 일을 해야 하는 이유와 의미를 알려주는 사람 그리고 구성원을 타의에 의해 싸우거나 일하는 노예가 아닌 자신의 의지대로 싸우고 일하는 자유인으로 만들어주는 사람입니다. 그리고 이러한 말을 해주는 것이 동기부여이며, 다른 사람에 대한 영향력 행사이며 리더십입니다. 다른 거창한 것이 리더십이 아닙니다. 《미닝 메이커(Meaning Maker)》(이창준 저)라는 책이 있습니다. 책 내용을 아직 살펴보지는 않았지만, 의미(meaning)를 만들어주는 사람이 리더라는 메시지인 것 같습니다. 이제는 과거보다 전쟁이 드물어진 시대에 살고 있습니다. 때문에 요즘 시대에 리더는 기업 조직에 많이 존재합니다. 시대가 바뀌고 상황은 다르지만 기업 조직에서 리더는 일을 해야 하는 이유와 의미를 알려주고, 구성원이 노예보다는 자유인, 지식 노동자로서 스스로의 자유의지로 일할 수 있게 구성원을 설득하고 납득시키고 영향력을 행사하고 동기부여를 하는 사람입니다. 리더는 실무적으로 목표 설정 면담에서 이런 역할을 해야 합니다. 리더는 이 일과 이 목표를 왜 수행해야 하고, 이 일을 하게 되면 회사가 어떻게 달라지고 성장하며 구성원 개인 역시 얼마만큼 성장할 수 있는지와 같은 일의 의미와 배경을 이 단계에서 구체적으로 설명해주어야 합니다. 물론, 이런 얘기를 해주기 위해서는 리더 또한 경영진이 제시한 부서의 목표에 대해 선제적으로 충분히 스터디하고 고민해야 합니다.

이렇기 때문에 첫 번째 단계인 목표 합의 단계와 '자기관리 능력'이 실제 필요한 두 번째 단계인 목표 수행 단계는 긴밀하게 연결되어 있습니다. 목표 수행 단계가 잘 추진되기 위해서는 그 앞 단계인 목표 합의 단계가 원활히 진행되었어야 합니다. 즉 첫 단추를 잘 끼워야 하는 것입니다. 첫 단추를 잘못 끼우면, 너무나도 당연하게 그다음 단계들이 힘들고 어려워지는 것이 성과관리입니다. 어쩌면 힘들고 어려워지는 정도가 아니라 거의 제대로 작동하지 못하는 것이 성과관리입니다.

첫 번째 단계에서 충분한 논의를 통해 목표를 수용하게 하는 것이 두 번째 단계에서 구성원이 자기관리 능력을 갖고 Bottom-up으로 일을 스스로 하게 만드는 유일한 방법입니다. 또한 연도 말에 구성원이 기대했던 평가등급이 아닌 낮은 평가등급을 받게 되는 경우, 구성원이 리더를 대상으로 이의 제기하는 경우가 있습니다. 그런데 구성원들이 이의 제기를 하고 불만을 토로하는 경우, 대부분이 목표 설정 단계에서 목표에 대해 상호합의를 이루지 못하고 목표를 제대로 통보받지 못했다는 불만이라고 합니다. 역시나 성과관리의 전체 구조에서 첫 단계인 목표 설정 단계가 가장 중요한 이유입니다.

마지막 세 번째 단계는 See에 해당하는 '평가 시행' 단계입니다. 리더는 마찬가지로 Top-down으로 구성원의 한 해 직무수행 경과와 목표 달성 정도를 평가한 최종 결과물인 평가등급을 통보해야 합니다. 하지만 이 단계 역시 마찬가지로 일방적으로 Top-down으로만 평가등급이 통보된다면 이를 받아들여야 할 구성원은 기분이 나쁠 것입니다. 반발할 수도 있을 것입니다. 따라서 이 단계 역시 Bottom-up의 프로세스가 추가/보완되어야 합니다. 두 가지 방법이 있습니다. 그중 하나는 최종 평가 면담을 하는 것입니다. 목표 설정 면담과 거의 동일하게 리더가 결정한 평가등급을 일방적으로 통보하는 것이 아니라, 어떠한 근거에 의해 왜 이런 평가등급이 나오게 되었는지 해당 구성원을 만나 설득하는 최종 평가 면담을 갖는 것입니다. 필요하다면 한 번이 아니라, 구성원이 스스로 납득할 때까지 무한대라도 면담을 해야 합니다. 나머지 하나는 '자기평가제도'의 도입입니다. 리더가 구성원을 평가한 평가 리포트 외에 구성원이 스스로 자신에 대해 평가한 평가 리포트가 같이 제출되어, 리더와 구성원이 평가 결과에 대해 같이 논의하고 합의하는 제도를 운용하는 것입니다. 아울러 전체 100% 중 10% 정도에 해당하는 비중으로 자기평가 점수를 성과(인사)평가에 반영하는 기업도 있습니다.

이렇게 두 가지 방법을 통해, 평가 시행 단계 역시 Top-down 외에 Bottom-up을 추가하여 운영하는 것이 MBO입니다. 이렇게 MBO의 'Plan-Do-See'의 전 단계에 있어 끊임없이 리더-구성원 간 면담이 필요합니다. 그리고 그렇기 때문에 MBO의 기초가 '자기 관리'인 것에 비해, MBO의 핵심을 '커뮤니케이션'이라고 합니다.

즉 목표 합의 단계에서의 '목표 합의 면담', 목표 수행 단계에서의 '수시/상시/중간 평가 면담', 평가 시행 단계에서의 '최종 평가 면담' 등 MBO의 모든 과정이 커뮤니케이션, 면담, 대화를 핵심 요소로 하는 것입니다.

그렇다면 피터 드러커가 만든 MBO와 달리, 우리 기업 현장에서 리더들이 간과하고 있는 것은 과연 무엇일까요? MBO의 기초인 '자기관리'와 MBO의 핵심인 '커뮤니케이션'을 생략한 채, 목표인 Objectives만을 갖고 경영관리를 하는 것이 이 문제의 시작과 끝이자 전부입니다. 목표를 하달하고, 그 목표의 진행사항을 점검/모니터링하고, 평가등급을 통보하는 등 커뮤니케이션을 생략한 채 Top-down으로만 MBO를 운용하고 있는 것입니다.

💬 "정말 MBO는 그 내용이 우리 기업 현장에 어울리지 않는 것일까?" 그리고 "MBO의 대안, OKR은 맞는 것인가?"

정말 MBO는 그 내용이 우리 기업 현장에 어울리지 않는 것일까요? 도입된 지 수십 년인데 왜 아직도 한국 기업 현장에 내재화되어 정착되지 못하는 것일까요? 그 이유는 우리가 간과하고 있는 '자기관리'와 '커뮤니케이션'에 있습니다. 앞서서 살펴본 'MBO의 전체 구조' 그림의 상단에 해당하는 부분만 진행하면서 MBO를 잘하고 있는 줄 알고 있는 것입니다. Top-down에 해당하는 상단의 것만 하며, 정작 '자기관리'와 '커뮤니케이션'과 관련이 있는 Bottom-up에 해당하는 하단의 것은 하지 않으면서 제도 탓을 하고 있는 것입니다. 기초와 핵심은 Bottom-up에 해당하는 하단의 것인데, 하단의 것을 하지 않고 제도 탓을 하면서 또 다른 성과관리제도를 새롭게 탐색하고 도입하려 하고 있는 것입니다.

MBO의 대안으로 주로 OKR이 거론됩니다. 과연 OKR은 그 대안으로 유효할까요? 새로운 성과관리제도를 고민하는 기업과 리더들에게 OKR과 MBO를 대비해 설명하고자 합니다.

2017년 존 도어의 《OKR》이라는 책이 출간된 이후, 국내·외에서 OKR 제도에 대한 연구와 도입 논의가 한창입니다. 그래서 필자는 인터넷 검색과 책에 나온 내용 등을 그대로 정리해보았습니다. 하지만 여러 가지 면에서 잘못 정리되고 오해를 일으키는 내용도 있어 바로 잡고자 합니다.

과거의 MBO는 잘못된 것이고, 새롭게 나온 OKR은 좋은 것이라는 이분법적 사고에 의해 지나치게 MBO를 깎아내립니다. 대표적으로 "MBO는 연초에 한 번 목표를 설정해놓고 쳐다보지도 않는다. 그래서 목표 관리가 제대로 되지 않는다.", "Top-down(하향식)으로 목표를 설정한다. 목표 설정에 있어 투명하지 못하고 폐쇄

적이다.", "보상에 직접 연계하고, 상/벌이 명확하다 보니 도전적인 목표를 설정하지 못한다." 하지만 지나친 한쪽 몰이식 비판입니다. MBO에 있어서도 최초 목표 설정 면담 외에 연도 중 수시/상시/중간 평가 면담 및 최종 평가 면담을 하도록 하고 있습니다. 이러한 연중 여러 차례의 면담과 실행 모니터링을 통해 목표는 연중

〈 MBO vs. OKR 〉

구분	MBO	OKR
용어	Management By Objectives	Objectives(What you want) + Key Results(How you'll do)
개발	피터 드러커(1954)	존 도어(1974) : 인텔에서 창안 존 도어(1999) : 구글에 도입 존 도어(2017) : 《OKR》 출간
사이클	기본 1년	**기본 1분기** – 목표 관리 과정이 짧아져 환경변화에 민첩하게 대응 가능
목표 설정	Top down + Bottom up 보수적 실패에 대한 상/벌 철저	Bottom up 도전적이며, 공격적 실패 용인
보상 연계	직접적 연계 : 승진/인센티브/연봉	**간접적 연계 : 부작용 우려 때문에 부정적** – 오히려 보상은 동기부여 저하, 목표 설정에 대한 sand bagging 효과(전력을 다 하지 않는 현상) 초래
주요 특성	성과관리체계 (KPI 사용), 평가 도구	**목표관리체계, 실행 도구** – 조직 전체가 동일한 사안에 관심을 집중하도록 만들어 주는 경영 도구 – 목표를 설정하고 그 목표를 어떻게 실행에 옮길지에 대한 목표 관리법 – "아이디어는 쉽다. 중요한 것은 실행이다."(존 도어)

출처 : 이재형, 《THE GOAL : 성과관리 리더십》

지속해서 관리될 수 있습니다. 다만, 원래 MBO 제도가 이러함에도 불구하고, 현장에서 제대로 실천하지 않아 앞에서 지적한 문제점이 발생하는 것입니다. OKR 역시 또 훌륭한 제도이지만, 현장에서 MBO와 마찬가지로 실천하지 않는다면 그 장점 역시 발휘되지 않을 것입니다.

MBO는 절대 Top-down(하향식)으로만 목표를 설정하지 않습니다. 우리나라에 들어온 이후, 한국 기업에서 상향식을 생략하고 하향식으로만 운용하고 있는 것입니다. MBO의 기본 철학은 구성원의 자율 참여에 의한 자율적 목표 설정입니다. 오히려 OKR만큼 Bottom-up 성격이 강합니다. 그 과정 역시도 투명하고 개방적입니다. 이 역시도 시간이 없고 바쁘다는 여러 가지 핑계를 대며, Top-down 방식으로 신속하게 목표를 설정해내려고 하는 여러 리더의 욕심에 의해 잘못 운영되고 있는 것입니다.

끝으로, 보상과의 직접적 연계가 잘못된 것은 아닙니다. 당연히 금전적·직접적 보상은 여러 부작용도 갖고 있습니다. 구성원을 오히려 수동적으로 만들고, 구성원 간 위화감 등을 비롯한 여러 갈등도 초래합니다. 보상을 얻기 위해 달성이 쉬운 목표를 설정하려는 것과 같은 문제점도 발생시킵니다. 하지만 앞의 표 OKR의 특성으로 이야기하는 것처럼 "보통의 평범한 구성원들이 과연 상/벌과 상관없이 도전적인 목표를 알아서 잘 설정할까?" 필자는 회의적입니다. 구성원 대부분은 유니세프와 같은 비영리조직에 근무하는 것이 아니며, 그러므로 대부분 상(승진/인센티브/연봉)과 벌에 의해 기본적으로 움직일 것입니다.

결국, OKR? MBO? 필자가 볼 때 이 둘은 완전 다른 것이 아닙니다. 과거의 것이라고는 하지만 MBO 역시 기본 철학과 기본 운영 프로세스를 충실히 따르고 현장에서 실천만 잘한다면, 굳이 또 새롭게 OKR이라는 것을 도입하지 않아도 될 것입니다. MBO의 껍데기만 벗겨서 수입하고, 그것 역시도 제대로 실행도 하지 않은 상태에서 새로운 것이라고 OKR을 또 도입한다면, 결과는 지금과 크게 다르지 않을 것입니다.

특히 MBO의 기초와 핵심이 '자기관리'와 '커뮤니케이션'인 것 이상으로 OKR 역시 '자기관리'와 '커뮤니케이션'을 중요시합니다. 즉 OKR은 도전적 목표 설정을 강조하며 실제 성공 확률이 60~70% 정도밖에 안 되는 중요하면서도 어려운 목표를 설정하라고 하는데, 이러한 어려운 목표를 스스로 설정하고 도전하는 데 있어 가장 중요한 것이 구성원의 '자발성', '자기관리 능력'인 것입니다. 어쩌면 MBO의 자기관리 능력보다 OKR에 자기관리 능력과 자발성이 더 필요합니다. 또한, MBO의 기본 한 사이클이 1년 12개월인 것에 비해, OKR의 기본 한 사이클은 3개월입니다. 3개월이라는 기간 내에 '목표 합의-목표 수행-평가 시행'의 커뮤니케이션이 이루어져야 하는 만큼 MBO의 몇 배 이상으로 커뮤니케이션을 필요로 합니다. 앞서서 MBO가 '자기관리'와 '커뮤니케이션'의 하단 Bottom-up 프로세스는 생략된 채 상단 Top-down의 프로세스만으로 진행되었기 때문에 제대로 작동하지 못한 것이라고 설명하였습니다.

MBO가 '자기관리'와 '커뮤니케이션' 부재로 실패하였다면, '자기관리'를 더 강조하고, '커뮤니케이션'을 더 많이 해야 하는 OKR 역시 실패할 수밖에 없을 것입니다. 문제는 제도가 아니라, 제도의 내용을 온전히 실행하지 않는 사람의 문제인 것입니다.

물론, 조직 밖의 사람들도 문제입니다. 수요가 공급을 창출하는 것이 아니라, 오히려 공급이 수요를 창출한다는 경제학자 세이가 말한 '세이의 법칙(Say's law)'처럼 새로운 트렌드와 제도 같은 공급을 만들어 기업의 수요를 촉발해 돈을 버는 세력들이 문제입니다.

MBO를 제대로 실행하고 있지 못한 기업이 '자기관리'와 '커뮤니케이션' 같은 근본적인 문제를 해결하지 못하면, 아무리 새로운 것이라고 OKR을 도입해도 실패할 것이 분명한데 이를 설명해주지 않고 컨설팅을 해주고, 교육을 하고 새로운 시스템을 깔며 돈을 법니다. OKR이 유행이기 때문에 이것을 하지 않으면, 시대에 뒤떨어지는 것이고 성과관리가 제대로 안 될 것이라고 하면서 기업의 수요를 이끌어냅니다. 그러면서 큰 문제도 없는 MBO를 과거의 것이고 보수적이어서 문제가 많다는 식으로 폄하합니다. 기업의 인사담당자 역시 다음 연도 사업계획을 수립하기 위해 좋은 아이템이 필요하던 차에 정말 잘되었다고 하면서 맞장구를 쳐줍니다.

기업의 예산은 이런 식으로 주기적으로 낭비되는 것이며, 이런저런 사정을 잘 모르는 임직원들은 또 주기적으로 새로운 제도가 도입될 때마다 '똥개(?) 훈련'을 당하는 것입니다. 이러다가 또 몇 년 뒤에 더 새로운 제도가 나왔다고 하면서 요란을 떨 것입니다. ESG(Environment, Social, Governance의 머리글자를 딴 단어로 기업 활동에 친환경, 사회적 책임 경영, 지배구조 개선 등 투명 경영을 고려해야 지속 가능한 발전을 할 수 있다는 철학을 담고 있음)는 필자의 전공 분야가 아니어서 섣불리 언급할 수는 없지만, 지금 막 유행이 시작된 ESG 역시 과거에 한때 유행했던 "CSR(Corporate Social Responsibility, 기업 활동에 영향을 받거나 영향을 주는 직간접적 이해 관계자에 대해 법적 · 경제적 · 윤리적 책임을 감당하는 경영 기법)과 무엇이 다른가?"라는 의문를 던지는 사람도 많습니다.

물론, 현재의 ESG가 과거의 CSR보다는 분명 내용적으로 발전했을 것입니다. 하지만 MBO처럼 과거의 CSR에 실패한 기업은 OKR처럼 현재의 ESG을 도입한다고 하더라도 실패할 확률이 높을 것입니다. CSR를 제대로 하지 못한 근본적인 문제를 해결하지 못하고, CSR이라는 제도만을 탓하고 새로운 제도로 ESG를 도입해서는 안 될 것입니다. CSR이 되었건, MBO가 되었건 간에 잘 안 된 이유를 제대로 살펴 고쳐 쓰는 것이 돈도 아끼고, 임직원들을 덜 괴롭히고 기만하지 않는 방법이 아닐까 감히 제안해봅니다.

MBO를 상단뿐만 아니라 하단 부분의 내용까지도 완벽하게 잘하고 있는데, 우리 회사를 한 단계 더 성장시키고 싶어 새로운 성과관리제도를 필요로 하는 상황이라면, 그때에 한해 OKR을 도입해도 좋습니다. 물론, OKR은 제도 이전에 문화라는 얘기가 있을 정도로 우리 회사 문화와의 정합성이 먼저 검토되어야 합니다. 하지만 앞서 언급한 것처럼 MBO를 잘못하고 있는데, MBO라는 제도만을 탓하며 조직 내부의 고쳐야 할 것을 고치지 않은 채 새롭다고 OKR을 도입한다면 이번에도 역시 필패로 이어질 것입니다.

결론적으로 새것이라고 다 좋은 것은 아니므로 기존의 MBO를 우리가 어떻게 운영하고 있는지, 보완할 점은 없는지 인사담당자들과 성과관리의 책임을 갖고 있는 조직의 리더들이 다시 살펴보고 MBO를 제대로 실행하기를 바랍니다. 구성원의 '자기관리 능력'을 제고할 수 있는 방법을 고민해보고, '커뮤니케이션'을 제대로 여러 차례 하기를 기대해봅니다.

MBO이든 OKR이든 '커뮤니케이션'이 핵심이기 때문에 이 커뮤니케이션을 잘못해서 MBO를 제대로 잘하지 못하는 회사의 경우, 새롭다고 해서 더 혁신적이라고 해서 OKR을 도입한다 해도 성공할 수는 없을 것입니다. 아울러, MBO의 기초가 '자기관리 능력'인 것처럼, OKR도 자발성, 자기관리 능력이 제도 운용의 핵심이며, 혁신적이고 도전적인 목표를 스스로 설정하는 데 필수적인 요소입니다. 하지만 우리는 미국, 특히 실리콘밸리라는 특별한 조직문화를 가진 곳에서만 성공했을지도 모르는 OKR을 어떻게 성공했는지와 같은 배경 탐색의 복잡한 과정은 생략한 채 껍데기와도 같은 제도만을 벤치마킹해 문화가 다른 우리 기업에 적용하려고 합니다. 비단, 이러한 현상은 OKR뿐만 아니라, 우리가 미국에서 성공했다고 해서 가져오는 모든 시스템, 제도들에 해당할 것입니다.

OKR이 실리콘밸리에서 특별히 성공한 이유와 배경은 다음과

같습니다. 실리콘밸리에서 일하는 사람들의 1개 기업 평균 근속 연수는 2.84년이라고 합니다. 필자가 구글링을 통해 확인한 자료이지만 정확한 수치는 아닐 수 있습니다. 그리고 이 수치 또한 그 사이 또 바뀌었을 수도 있습니다. 하지만 필자는 정확한 수치를 알려드리는 것보다는 그만큼 우리나라의 평균 근속연수보다는 짧다는 이야기를 하려는 것입니다. 또한, 우리나라처럼 좋은 대학, 좋은 학과를 나왔다고 해도 실제 어떻게 일하는지를 검증하지 않은 상태에서 입사시험(물론, 우리나라와 같은 NCS 인·적성검사 같은 시험도 없을 것입니다) 성적만 좋다고 곧바로 크고 좋은 대기업에 입사하는 경우는 많지 않다고 합니다.

능력이 검증되기 전에는 작은 기업에서 일을 시작해야 합니다. 하지만 성취동기가 뛰어난 사람들이 이런 작은 기업에서 평생을 일해서는 만족감을 느끼지는 못할 것입니다. 그래서 이들은 보다 큰, 중간 정도 규모 기업으로의 이직을 준비합니다. 이때 이직을 위한 가장 큰 성공 요인은 프로젝트 성공 경험입니다. 대형 프로젝트에서 성공을 해 관련 업계, 시장에 입소문이 난다면 이직은 가능할 것입니다. 따라서 작은 기업에 입사한 성취동기가 높은 직원들은 회사에서 시키지 않아도 성공 가능성이 60~70%밖에 안되는 도전적인 목표, 실적이 '0'만 아니면 괜찮은 혁신적인 목표를 스스로 설정하고 실행을 위해 준비하고 노력합니다.

즉 솔직히 말해 이들은 조직, 회사를 위해 일을 해주는 사람이 아니라, 자기 자신을 위해 스스로 일하는 사람들입니다. 회사는 이들의 이러한 성취동기를 활용해 자신들의 이익이 되도록 일할 수 있는 상황을 만들어주는 역할을 하는 것입니다. 또한, 이러한 자발성, 성취동기가 남다른 사람들을 채용하기도 해야 합니다. 결국, 회사와 직원, 둘 다 Win-Win입니 다.

그렇다면 보다 큰 중간 정도 기업으로의 이직에 성공한 직원들은 이제는 쉬면서 만족한 삶을 살고자 할까요? 아닐 것입니다. 더 큰 기업으로의 이직을 위해 자신의 이름과 경력을 알리려고 더 큰 도전을 하고 성공하려 할 것입니다. 이때도 회사는 일을 억지로 시키지 않습니다. 더 큰 새로운 도전은 직원들 스스로가 결정하는 것입니다. 회사는 그 도전의 과실, 결과물만을 취할 뿐입니다. 결국 이들의 목표는 구글, 애플 등의 글로벌 기업 입사입니다. 여러 단계, 각 단계별 평균 2.84년 근무를 통해 구글, 애플에 입사한 실리콘밸리의 일하는 사람들. 이들의 목표는 여기가 끝일까요? 모든 사람은 아니겠지만 이들의 최종 목표는 창업입니다. 이들은 구글과 애플에서 일을 열심히 배우고, 본인의 창의적 아이디어들을 통해 언젠가 자신들도 스티브 잡스, 마크 저커버그 같은 글로벌 기업의 CEO가 되겠다는 꿈을 멈출 생각이 없습니다. 그렇기 때문에 또 도전합니다. 회사는 자신들의 꿈과 도전을 도와주고 이루어줄 수단일 뿐입니다.

이러한 자발성과 자기관리 능력, 성취동기를 원래부터 갖고 있었던 사람들이 입사하고, 평균 근속연수 2.84년 동안 더 큰 성취를 위해 회사에서 시키지 않아도 도전하고, 그 결과로 이직을 하고 나중에는 창업하려는 사람들이 많은 곳에서 성공한 성과관리제도가 OKR입니다. 그렇기 때문에 OKR을 성과관리를 위한 제도가 아니고 일하는 문화, 조직문화를 바꾸는 방식이라고 이야기하는 사람도 있는 것입니다. 맞습니다. 제도의 내용이 좋아서 OKR이 성공한 것이 아니라, 제도가 성공할 수밖에 없는 환경과 일하는 문화가 전제되었기 때문에 성공한 것입니다.

OKR이 성공하기 위해선 성취동기가 원래 높고, 굳이 누가 시키지 않아도 알아서 일하는 사람, 목표 설정 시기에 내 목표 수준이 너무 높다고 불만을 표하며 낮추어달라고 리더와 옥신각신하지 않는 사람이 많아야 합니다. 스스로 말도 안 되는 도전적이고 혁신적인 목표를 알아서 설정하는 사람들이 많아야 합니다. 즉 시키는 일만 하거나, 시키는 일도 제대로 안 하는 '노예'가 아닌 스스로 목표를 설정하고 일의 완성도를 높이기 위해 준비하고 노력하는 '지식노동자'가 회사 내에 많아야 합니다.

　필자가 S전자 반도체 부문에서 강의할 때, 매 차수별 학습자로 참여한 리더들(적게는 수십 명에서 많게는 수백 명의 직원이 있는)에게 물어보았습니다. "지금 같이 일하고 있는 직원들 중에 지식노동자가 많습니까? 아니면, 여전히 노예가 많습니까?" 그럼, 즉답이 잘 안 나옵니다. 고개를 푹 숙이는 리더들도 있었습니다. 그리고 잠시 후 노예들이 많다는 답변이 돌아옵니다. 정말 아쉽게도 우리나라 1등 기업, 전 세계적으로 손꼽히는 글로벌 기업인 S전자의 상황도 이러했습니다. 앞에서도 언급한 것처럼, 성취동기가 어느 정도 있는 사람들을 입사시켜 노예로 만든 회사의 잘못도 크고, 단순히 잘 외우는 암기 능력으로 좋은 대학, 좋은 학과에 입학하고 졸업한 것인데 그걸로 입사시킨 회사의 잘못도 작지 않습니다.

　또 하나의 일화입니다. 마찬가지로 S전자 반도체 부문에서 강의할 때의 일입니다. 쉬는 시간에 한 리더가 제 앞으로 다가와 잠시 밖에 나가서 얘기하자고 하였습니다. 쉬는 시간에 다가와 질문을 하거나 얘기를 건네는 경우는 종종 있었지만, 굳이 밖으로 나가 대화를 하자고 하는 경우는 전혀 없던 터라 조금은 불안한 마음에 로비로 나가 대화를 하게 되었습니다. 그 리더분은 먼저 자신이 실리콘밸리에서 3~4곳의 여러 회사를 다닌 경력이 있다고 소개하였습니다. 저는 순간 당황했습니다. 마침 조금 전까지 실리콘밸리를 제대로 가본 적도 없는 사람이 여러 책의 내용과 구글링을 통해 확인한 결과인 실리콘밸리의 평균 근속연수가 2.84년이며, 그들이 도전적이며 혁신적인 목표 설정을 할 수밖에 없는 배경에 대해 설명한 터라, 제 강의 내용에 대해 실리콘밸리에서 직접 근무한 사람이 오류를 지적하려고 저를 밖으로 부른 것으로 생각했기 때문입니다. 하지만 다행히 제가 언급한 실리콘밸리의 내용에 큰 오류는 없었는지, 강의 내용에 대한 구체적인 언급은 없었습니다. 대신, 자신의 처지에 대한 신세 한탄이 있었습니다.

"원래, 실리콘밸리에서 잘 근무하고 있었다."

"어느 날 자신의 보스가 S전자에 스카우트되어 한국으로 가버렸다."

"그러던 중 또 어느 날 그 보스에게 연락이 와, 너도 이리로 와서 나랑 같이 일하자는 제안을 받게 되었고, 그래서 한국에 오게 되었다."

"하지만 무엇이 안 맞았는지 자신을 S전자로 이끈 그 보스는 자신만을 남겨 놓고 S전자를 그만두고 다시 미국으로 가버렸다."

"졸지에 낙동강 오리알이 되어버렸다."

"실리콘밸리와는 달리, 이곳에서는 말이 안 통해 죽겠다. 자신
   이 무엇인가를 하려고 들면, 하지 말라는 분위기이다. 괜한 일
   해서 귀찮게 하지 말고, 가만히 있으라는 분위기이다."

"미국으로 다시 돌아갈지 심각하게 고민 중이다."

이런 상황이 맞는다면, S전자에서 OKR이 성공할 수는 없을 것
입니다. 눈치 보지 않으면서, 스스로 성공 가능성이 60~70%밖에
안 되는 도전적인 목표, 실적이 '0'만 아니면 괜찮은 혁신적인 목
표를 설정할 수 있는 조직문화가 전제되어 있지 않기 때문입니다.
MBO가 되었건, OKR이 되었건 간에 회사의 혁신과 성장보다는 연
도 말 목표 달성률 100%를 만들기 위한 무난한 목표 설정과 보상/
승진만이 직원들의 목표일 것이기 때문입니다. 물론, 조직 하부의
상황이 이러함에도 불구하고, 최고경영자의 강력한 의지와 추진
력에 의해 제도가 도입되어 성공하는 경우도 종종 있기는 합니다.
최고경영자 입장에서는 아무리 회사의 조직문화가 새로운 제도
와 궁합이 맞지 않더라도, 조직문화가 완전히 성숙할 때까지 기다
리기만 할 수는 없습니다. 새로운 제도의 도입과 성공을 위해서는
아래로부터 위로의 'Bottom-up'의 변화가 더 필요하지만, 그것

이 요원할 때는 경영진으로부터 회사의 구성원에게 이르는 'Top-down'의 변화가 불가피한 것입니다.

경영진이 새로운 제도의 도입을 추진(push)하고, 조직문화와 구성원의 변화를 리딩해서라도 회사의 성장과 성공, 생존을 위해 OKR 도입이 반드시 필요하다면 OKR은 지금 이 순간 도입되어야 할 것입니다. 다만, 다시 한번 강조하지만, OKR의 성공을 위해서는 OKR의 내용도 내용이지만 OKR이 성공할 수 있었던 여러 전제조건과 환경에 대한 탐색도 같이 이루어져야 한다는 것입니다. 단 한 번의 패착이 시장에서의 완전한 도태로 이어질 수도 있는 이 엄중한 시기에 잘못된 OKR의 도입은 실패 경험 이상으로 조직에 큰 손실을 가져올 것입니다. 다른 회사가 이미 도입했다고 해서 서두를 것이 아니라, 신중하게 긴 호흡을 갖고 고민하고, 최종 결론이 나면 그때부터는 강한 걸음으로 나아가면 됩니다.

04
OKR의 성공 요건 2가지 :
자발성과 커뮤니케이션

앞서 미리 OKR이 성공하기 위해서 도전적 KR과 혁신적 KR을 스스로 설정하려는 '자발성'과 Top-down/Bottom-up의 '수시/상시 커뮤니케이션'이 전제되어야 한다고 하였습니다. 이런 도전적/혁신적 KR을 하겠다고 했을 때 비난하거나 조롱받지 않고, 평가에 불이익이 없다는 확신이 생겨야 구성원은 자발적으로 새로운 Objectives와 Key Results에 도전할 것입니다. 구성원이 리더에게 먼저 "이걸 좀 해야겠는데요. 이걸 좀 하고 싶은데요"라는 말을 하는 데 눈치를 보지 않아도 되는 '자발성을 촉진하는 심리적 안전감'과 서로의 도전에 대해 적극적으로 지지하고 지원하고 성공과 성장을 위한 피드백을 자유롭게 교환할 수 있는 '상호 간 커뮤니케이션 문화'가 결국 OKR을 성공시킵니다.

물론, OKR뿐만 아니라 MBO의 성공을 위한 요건 역시도 '자발성(Self-control)'과 '커뮤니케이션'이었습니다. 더 정확히는 MBO의 기초는 '자율성에 의한 자기관리(Self-control)'이며, MBO의 핵심은 목표 설정 면담, 수시/상시 코칭, 최종 평가 면담과 같은 'Top-down/Bottom-up 커뮤니케이션'입니다. 하지만 역설적이게도 이 2가지 핵심 성공 요건이 가장 문제이고, 가장 부족했습니다. 목표는 자발적으로 설정되지 않고 위에서 아래로 지시되고 통보되었고, 목표 설정 면담(커뮤니케이션)은 생략되거나 형식적으로 이루어졌습니다.

구성원들은 지시받고 통보받은 목표에 대해 맥락/배경/일을 해야 하는 이유와 의미를 모른 채 자기관리 없이 시키는 대로만 일을 하고 있었습니다. 연도 중에 무엇이 그리도 바쁜지 리더는 구성원의 직무수행 행동에 관한 관찰/기록 없이, 수시/상시 코칭 면담(커뮤니케이션) 없이 그냥 구성원들을 내버려 두고 있었습니다. 방치하고 있었습니다. 최종 평가 면담(커뮤니케이션) 역시 형식적이어서 평가등급에 대한 통보 외에 평가의 구체적인 내용과 평가 근거 등에 대해 구성원들을 설득시키고 납득시키는 활동 없이 모호하게 마무리되고는 하였습니다.

하지만 MBO와는 달리 OKR은 그 주기가 12개월이 아닌 3개월입니다. 1월 초에 OKR 설정 면담을 하고, 2월 중순경에 수시/

상시 중간 평가 면담을 하고, 3월 말에 최종 평가 면담을 해야 합니다. 산술적으로 MBO에 비해 커뮤니케이션의 빈도를 4배 이상 늘려야 합니다. 또한, OKR은 그냥 무난하게 100% 목표 달성이 될 만한 KR로만 목표를 설정하는 것이 아니고, 성공 확률이 60~70%밖에 안 되는 도전적인 KR, 실적이 '0'만 아니면 괜찮은 혁신적인 KR 중심으로 목표를 설정합니다. 따라서 구성원이 스스로 하겠다는 분위기, 자발성과 자율성이 넘쳐 흐르는 조직 분위기가 중요합니다. 그리고 이런 분위기 조정을 위한 인위적이며 구조적인 경영진과 리더의 노력이 필요합니다. 시간도 오래 걸릴 것입니다.

즉 MBO와 OKR의 성공 요건은 '자발성'과 '커뮤니케이션' 2가지로 동일하지만, OKR에 있어서는 보다 더 절대적으로 중요합니다. 이것들 없이 OKR은 성공하지 못할 것입니다. 그래서 OKR을 성과를 관리하는 도구, 측정하는 도구가 아닌 조직문화를 바꾸는 도구, 일하는 방식을 바꾸는 도구라고 하는 것입니다.

05
OKR을 도입하면 좋은 경우 5가지와 적합한 기업, 업종, 직무

2020년 기준으로 〈포춘〉지 선정 500대 글로벌 기업 중, 약 25%가 성과관리제도로 MBO 대신 OKR을 선택하고 있다고 합니다. 우리나라의 경우에 그러한 통계는 없는 것으로 알고 있습니다.

OKR을 도입하면 좋은 경우 5가지와 MBO보다 OKR이 더 적합한 기업, 업종, 직무에 대해 설명합니다.

첫째, MBO가 도입된 지 오래되어 **이미 MBO 방식의 성과관리가 형식화되고 루틴화되어 입력 양식의 빈칸 채워 버리기가 된 경우**입니다.

둘째, MBO가 조직의 성과 확인, 성과창출이 아닌 직원들을 서열화해 보상/승진을 결정하는 수단으로만 활용되는 경우입니다.

셋째, 구성원들의 개인 목표가 달성률 100%만을 지향해, 팀-부서-조직 목표-경영 전략-비전-미션과 정렬(alignment)되지도 못하고, 동료 구성원 및 타 부서와도 연계(link)되지 못하는 경우입니다.

넷째, 성과의 현상 유지가 아니라, 직원들의 혁신적이면서도 도전적인 사업 아이디어, 아이템 발굴이 회사의 생존/성장 동력이 되는 경우입니다. 이 경우라면 다른 업종/직무보다도 제조생산, IT, 금융업, 신사업부서 등이 더 OKR에 어울릴 것입니다.

다섯째, 성과창출 외에 조직의 문화, 구성원의 의식 수준, 일하는 방식까지 함께 바꾸고자 하는 경우입니다.

OKR에 딱 맞는 기업과 업종, 직무가 정해져 있지는 않을 것입니다. 보통의 기업/업종/직무를 가리지 않고 구현 가능할 것입니다. 하지만 상대적으로 보다 더 OKR을 제대로 하기에 유리한 기업/업종/직무는 존재합니다. 위에서 이미 언급한 대로 다른 업종/직무보다도 제조생산, IT, 금융업, 신사업부서 등이 OKR에 더 적합하겠습니다. 그리고 기왕이면 큰 조직보다는 작은 조직이 보다 더 수월할 것입니다. 관료제 조직이 아닌 수평적인(flat) 조직이 더 수월할 것입니다. 작고 수평적인 조직에서 심리적 안전감 확보, 도전적이고 혁신적인 목표 설정, 원활한 커뮤니케이션, 진정성 있는

피드백이 훨씬 더 원활하기 때문입니다.

S전자에서 강의할 때의 일입니다. 예비군 업무를 비롯해 안전 관리 직무를 수행하는 그룹장이 강사였던 저에게 이렇게 하소연 했습니다.

"자기 직무에 대해서도 OKR의 혁신적/도전적 KR을 설정해야 하나요?"

저는 아니라고 생각했습니다. 우리 한국 사회는 군대의 영향인 지 예외를 허용하는 것을 매우 싫어합니다. 우리도 OKR 하느라 고생하니, 너희들도 예외 없이 같이 고생해봐야 한다는 분위기가 형성됩니다. 그러다 보니, 굳이 OKR의 KR을 설정하지 않아도 될 부서와 직무가 고생합니다. 억지스러운 KR을 만들어놓고 그에 대 한 답을 입력하기 위해 조직의 자원을 낭비하기도 합니다.

이처럼 OKR을 해야 될 부서/직무와 안 해도 될 부서/직무가 있 습니다. 다만, OKR을 수행해 정말 성과가 제대로 창출되는 부서 와 구성원에게는 OKR을 하지 않는 부서와 구성원 대비 파격적인 보상은 해주어야 합니다. 동시에, OKR을 하지 않는 부서는 하는 부서와 비교해 보상이 적을 수도 있다는 사실 자체는 양해해야 합니다. 억지로 모두 다 예외 없이 OKR을 하는 것보다는 OKR을 하는 대신 보상이 큰 경우와 OKR을 하지 않는 대신 보상이 작은 경우의 차이를 수용하는 것이 중요합니다.

Part 2

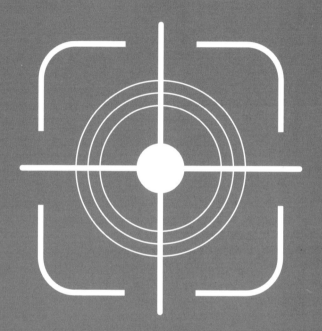

OKR 실행을 위한
실무적 접근

〈 OKR 실행 프로세스 〉

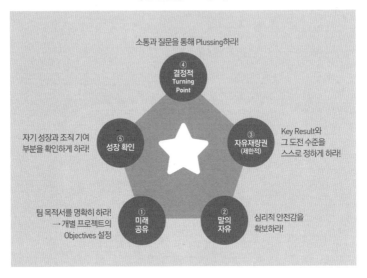

위 그림의 ① '미래 공유'를 시작으로 시계 반대 방향 순서대로 OKR을 실무적으로 어떻게 우리 회사에 적용할 수 있을지 그 방안에 대해 설명하도록 하겠습니다.

① **팀 목적서를 명확히 하라!** : 팀과 팀의 구성원이 도달해야 할 미래를 공유하자.

② **심리적 안전감을 확보하라!** : '말의 자유'를 보장해주자.

③ **Key Results와 그 도전 수준을 스스로 정하게 하라!** : 자유재량권-스스로 결정해야 참여하고 헌신도 한다.

④ 소통과 질문을 통해 Plussing하라! : 결정적 Turning Point 의 단초를 제공하자.

⑤ 자기 성장과 조직 기여 부분을 확인하게 하라! : 성장 확인-성장을 위한 준비와 노력의 과정에 대한 서사(敍事, Narrative) 를 자각하게 하자.

06

① 팀 목적서를 명확히 하라! :
팀과 팀의 구성원이 도달해야 할
미래를 공유하자

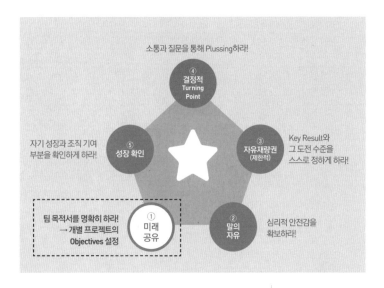

팀 목적서를 명확히 하는 것, 팀의 리더가 OKR의 성공적 적용을 위해 구성원과 함께 가장 먼저 해야 할 일입니다. 팀 목적서를 먼저 명확히 설정하고 공유한 이후에는 구성원이 개별적으로 추

진하는 프로젝트의 Objectives를 설정합니다.

"어느 항구로 향하는지 모르는 상태에서는 어떤 바람도 도움이 되지 않는다."

고대 로마제국의 정치가이자 수사학자였던 루키우스 세네카 (B.C. 4~A.D. 65)의 말입니다. 지금으로부터 2000여 년 전인 고대 로마제국시대에도 일이라는 것을 할 때는 목적과 목표를 먼저 설정하고 시작하라고 얘기했던 것입니다. 그저 열심히 성실히 일하는 것만 갖고는 부족합니다. 가고자 하는 방향도 모르고, 도달해야 할 곳이 어딘지도 모르는 상태에서의 열정은 성과 없이 '소진 (burn-out)'만을 가져옵니다. 조직이 갖고 있는 가용한 자원을 효율적으로 집중해 목표한 성과를 효과적으로 창출하기 위해서는 다음이 명확해야 합니다.

"우리 조직은 왜 존재하는가?"
"우리의 고객은 또 누구인가?"
"고객은 우리에게 무엇을 요구하는가?"

"고객의 요구를 충족시키기 위해 우리는 어떠한 목적하에 어떤 역할을 해야 하는가?"

아울러 이 모든 사항에 대해 리더 혼자만 고민하고, 결정을 내려서는 안 됩니다. 리더가 이끌되 구성원들과 논의와 결정의 전 과정을 함께해야 합니다. 혼자 결정하는 것은 쉽습니다. 하지만 결정은 혼자 할 수 있어도 일은 모두 같이해야 합니다. 특히 리더는 직접 일을 하는 실무자가 아닙니다. 리더는 구성원에 대한 영향력 행사, 동기부여를 통해 구성원이 일을 잘할 수 있도록, 성과를 창출해낼 수 있도록 이끄는 사람입니다. 논의와 결정 과정을 공유하지 않고, 혼자 결정하는 경우 일은 제대로 진행되지 않습니다.

펜실베이니아대학의 조나 버거(《보이지 않는 영향력》의 저자) 교수의 말처럼 사람들은 자기가 선택하고 결정한 것에 주인이 됩니다. 사람들은 자신에게 통제권이 있다고 느끼고 싶어 합니다. 다시 말해, 운전석에 앉고 싶어 합니다. 때문에 우리가 사람들에게 무엇인가를 시키려고 하면, 그들은 힘을 뺏긴 기분을 느낍니다. 스스로 선택을 내렸다기보다 우리가 그들의 선택을 대신 내려주었다고 느낍니다. 그래서 원래는 기꺼이 하려고 했던 일조차도 싫다고 하거나 다른 짓을 합니다.

 "왜 지시 대신 스스로 선택하게 해야 하는가?" 자율은 주인의식
과 몰입을 불러오고, 지시는 저항과 방관을 불러옵니다. 조금 돌아
가고, 조금 늦어지더라도, 마음에 차지 않더라도 일일이 지시하는
대신, 스스로 선택하고 스스로 결정하게 하는 것이 궁극적으로 승
리하는 방법입니다.

 다음 양식(sheet)의 내용을 채우는, 즉 리더가 리딩하고 구성원
모두가 참여해 의견을 보태는 미니 워크숍의 시간을 가져야 합니
다. Objectives는 영어 표현 그대로라면 목표를 뜻합니다. 하지
만 OKR에서는 목표보다는 미션이라는 의미로 이해하는 것이 좋
습니다. 따라서 우리 팀과 우리 팀의 구성원들은 누구를 위해 어
떤 일을 하고, 그 결과로 어떤 성과를 만들어내고자 하는 것인지
에 대한 우리의 팀 목적서 또는 팀 사명서를 만들어야 합니다. 작
성된 예시를 참조하여도 좋습니다.

우리 팀의 목적은?

① 고객, 고객의 니즈

-- 을(를) 위하여

② 기대 역할, 수행 과제

-- 을(를) 함으로

③ 바람직한 결과

-- 을(를)

-- 다.

우리 팀의 목적은?

-- 을(를) 위하여

-- 을(를) 함으로

-- 을(를)

-- 다.

우리 팀의 목적은?

○○○ 사업부의 정상화

을(를) 위하여

현재 전략 방향을 점검하고 실행 과정의 리스크를 관리

을(를) 함으로

• 관리되지 않는 Gray 영역과
• 비효율적인 대안

을(를) 제거하고

성공하는 사업을 준비한

다.

〈 프로젝트의 Objectives(Mission) 양식 〉

이 프로젝트의 목적은?

을(를) 위하여

을(를) 함으로

을(를)

다.

그리고 '팀의 Objectives 예시'를 변형해 구성원들이 3개월 단위로 OKR 프로젝트를 수행할 때마다 '프로젝트의 Objectives 양식'을 구성원들이 채우게 하기 바랍니다. 물론, 리더는 리딩하고 구성원과의 consensus(합의)를 이룹니다. OKR의 Objectives를 리더와 구성원 모두가 함께 논의하고 공유하면서 그 내용을 명확히 합니다.

조용한 사직(Quiet Quitting) vs. 리더에 대한 신뢰

2022년 8월 젱거와 포크먼(Zenger & Folkman)은 하버드비즈니스리뷰에 2022년 핫한 키워드인 '조용한 사직(Quiet Quitting)'에 대한 연구 결과를 발표합니다. 그들은 2020년 이후 2,801명의 리더들과 1만 3,000여 명의 구성원들을 대상으로 진행한 360도 다면평가에 대한 분석 결과, 다음의 그림(96쪽)처럼 상위 10% 수준의 고성과 리더에게는 업무에 몰입되어 추가적인 과업까지 수행하려는 구성원의 비율 62%, 이도 저도 아닌 중간 정도의 스탠스를 유지하는 구성원의 비율 35%, 조용한 사직 상태인 구성원 비율 3%가 존재한다고 하였습니다.

반면에 하위 10% 수준의 저성과 리더에게는 업무에 몰입되어 추가적인 과업까지 수행하려는 구성원의 비율 20%, 이도 저도 아닌 중간 정도의 스탠스를 유지하는 구성원의 비율 67%, 조용한 사직 상태인 구성원 비율 14%가 존재한다고 하였습니다. 즉 상위 10% 리더 대비 하위 10% 리더의 경우에는 조용한 사직 상태에 있는 구성원의 비율이 3%에서 14%로 증가하는 것입니다.

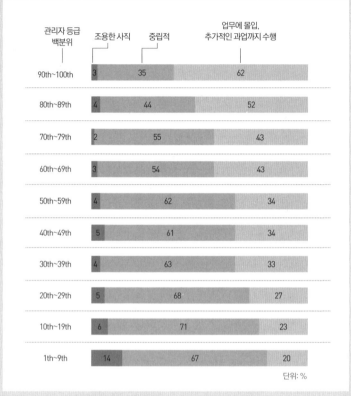

〈 리더의 영향력이 조용한 사직에 미치는 영향 〉

관리자 등급 백분위	조용한 사직	중립적	업무에 몰입, 추가적인 과업까지 수행
90th~100th	3	35	62
80th~89th	4	44	52
70th~79th	2	55	43
60th~69th	3	54	43
50th~59th	4	62	34
40th~49th	5	61	34
30th~39th	4	63	33
20th~29th	5	68	27
10th~19th	6	71	23
1th~9th	14	67	20

단위: %

출처 : Zenger & Folkman, Quiet Quitting is about bad bosses, not bad employees, HBR, Aug. 2022

리더가 리더로서 제대로 된 관리 역할을 하지 못할 때 조용한 사직이 발생하는 것이지, 조용한 사직이라는 것이 그냥 아무런 원인 없이 발생하는 것은 아니라는 의미입니다. 그러면서 젱거와 포크먼은 "리더가 '성과관리와 직원관리의 균형(balancing getting results with a concern for others)'을 못 잡으면 조용한 사직이 발생한다. 이러한 조용한 사직을 줄이고 업무에 대한 몰입을 높이려면 무엇보다 리더에 대한 신뢰가 중요하다"고 말합니다. "리더가 구성원들과 자주 대화하면서 긍정적인 관계를 만들고, 말과 행동을 일관성 있게 하면 신뢰가 생기며, 여기에 전문성까지 겸비하면 탁월한 리더십을 발휘할 수 있다"고 합니다.

조용한 사직을 막거나 줄이기 위해서도 구성원의 리더에 대한 신뢰는 중요하며, OKR의 Objectives 설정 과정에 있어서도 리더에 대한 신뢰는 중요합니다. 리더가 이끄는 방향대로 Objectives를 설정하면 개인은 성장할 것이라는 신뢰를 주어야 합니다. 아울러, 그 방향대로 간다면 조직 또한 생존, 성공한다는 믿음과 신뢰가 있어야 구성원들은 Objectives 설정의 전 과정에 참여하고 몰입, 헌신할 것입니다. 선장의 리더십에 대한 신뢰가 없다면, 선원들은 목숨을 잃을지도 모르는 항해에 동참하지 않을 것입니다. 배에 오르기를 거부할 것입니다.

그렇다면 구성원들로부터 신뢰를 받기 위해 리더는 구체적으로 어떤 태도를 갖추고 어떻게 행동해야 할까요? 다음 그림(98쪽)의 틀을 중심으로 설명하겠습니다.

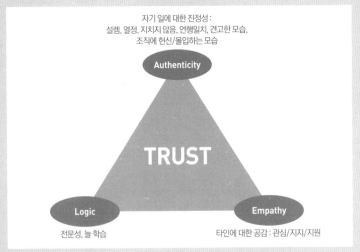

〈 The Trust Triangle 〉

자기 일에 대한 진정성 :
설렘, 열정, 지치지 않음, 언행일치, 견고한 모습,
조직에 헌신/몰입하는 모습

Authenticity

TRUST

Logic
전문성, 늘 학습

Empathy
타인에 대한 공감 : 관심/지지/지원

출처 : Frei& Morriss, From "Begin with Trust", HBR, May~June. 2020. 원본의 내용을 필자가 수정

* Authenticity : 자기 일에 대한 진정성

• 팀과 구성원의 일에 대한 호기심과 가슴 설레야 하는 모습을 구성

원에게 보여줘야 합니다.

• 워라밸(Work & Life Balance)을 포기하지 않으면서도 일을 할 때는 일

에 미치고 전력을 다하는 열정적인 모습을 보여줘야 합니다.

• 매너리즘에 빠져 있는 모습, 정신적으로나 육체적으로 지쳐 있는

모습을 보여줘서는 안 됩니다.

• 말했던 것, 약속했던 것을 행동을 통해 반드시 지키려는 언행일치

의 모습을 보여줘야 합니다.

- 공과 사를 구분하며, 공적으로나 사적으로나 허튼짓을 안 하고 업무에 몰입하는 견고한 모습을 보여줘야 합니다. 바른 모습을 언제나 유지하고 보여줄 수 있어야 합니다. 이렇게 바른 모습을 견고하게 보여주는 리더 밑에서 구성원은 감히 허튼짓을 하지 못할 것입니다. 부끄러워할 것입니다.

＊ Logic : 자기 일의 논리정연함과 전문성 제고를 위해 늘 학습

- 해당 분야의 전문가로서 구성원들을 업무적으로 지도해줄 수 있어야 합니다. 리더에게 물어보면, 바로 답이 나온다는 믿음을 구성원들이 갖고 있어야 합니다.
- 구성원들에 비해 잘 모르고 부족한 점이 있다면, 메꾸고 보충할 수 있도록 항시 학습하여야 합니다. 속도감 있게 배우고, 빨리 익힐 수 있도록 '학습 민첩성'을 갖추어야 합니다.

＊ Empathy : 타인, 구성원 모두에 대한 공감 능력

- 사랑의 반대말은 미움이 아니라, 무관심이라고 하였습니다. 구성원의 일, 개인적 애로사항에 대해 깊이 있는 관심을 보여야 합니다. 관심을 갖는 척만 해서는 안 되고, 진정으로 관심을 가져야 합니다. 개들도 저 사람이 나를 좋아하는지, 아니면 나를 싫어하는지

본능적·무의식적으로 앎니다. 더군다나 개는 하등동물이지만, 인간은 고등동물입니다. 고등동물이기에 저 사람이 나의 일에 대해 정말 관심을 갖고 있는 것인지, 아니며 리더의 역할을 보여주려고 관심을 갖는 척만 하려는 것인지 더 잘 알 수 있습니다.

• 관심 다음은 지지입니다. 리더와 구성원 모두는 한 편입니다. 상대편이 아닙니다. 우리 편에 대해서는 일을 잘하든 못하든 늘 지지하고 응원해주어야 합니다. 지지와 응원을 통해 일을 더 잘되게 하고, 혹시라도 안 되고 있는 일이 있다면 개선하여 잘되게 해야 합니다.

• 리더는 구성원의 성장과 성공, 성과창출을 위해 해줄 수 있는 모든 것을 제공해주는 사람입니다. 내/외부 자원을 총동원해 구성원들이 문제를 해결하고, 일의 완성도를 높일 수 있도록 아낌없는 지원을 해주어야 합니다.

07
② 심리적 안전감을 확보하라! :
'말의 자유'를 보장해주자

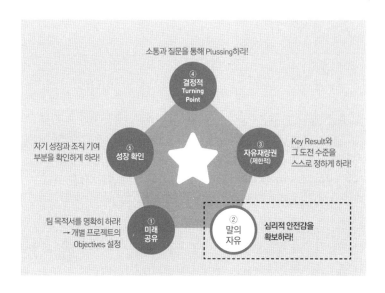

💬 완벽한 조직의 조건 : 심리적 안전감(Psychological Safety)

　S전자에서 OKR 강의를 할 때의 일입니다. OKR이 제대로 작동하기 위해서는 조직문화와 구성원의 의식을 바꾸어야 하고, 그러

기 위해서는 조직 내에 '심리적 안전감'을 확보해야 한다는 이야기를 하고 있었습니다. 그때 교육생이었던 한 분의 파트장께서 손을 들고 질문을 했습니다.

"우리 대표이사 사장께서 평소에 자주 하시고 강조하는 말이 'OKR'과 '심리적 안전감'인데, 이 심리적 안전감이라는 말이 우리 대표이사가 처음 만들어낸 용어가 아니고, 원래 외부에서 있었던 용어인가요?"

그렇게 알고 있었던 내부 직원이 많았던 모양입니다. 필자는 이렇게 설명했습니다. **'심리적 안전감(Psychological Safety)'은 지난 25여 년 동안 하버드대학 경영대학원의 종신교수인 에이미 에드먼슨(Amy Edmondson)이 연구해 만들어낸 용어이자 개념입니다.**

에이미 에드먼슨은 국내에서도 출간된 《두려움 없는 조직》이라는 책을 통해 다음과 같이 말하며 화두를 던집니다.

"심리적 안전감은 어떻게 조직의 학습, 혁신, 성장을 일으키는가?"

"침묵은 어떻게 조직의 성과를 갉아먹는가?"

"구성원이 침묵을 선택하는 순간부터 조직은 기회를 잃는다."

"구성원들이 목소리를 낼 수 있도록 독려하는 것은 모든 조직에 있어 필수적 과제이다."

"질문이 있을 때, 걱정이 있을 때, 새로운 생각이 떠오를 때 조직에서 심리적 안전감은 제대로 목소리를 낼 수 있다는 믿음이다."

아울러 구글에서도 아리스토텔레스라는 프로젝트를 통해 완벽한 팀의 조건을 알기 위해 2년간에 걸쳐 180개 팀의 3만 7,000여 명의 임직원들을 대상으로 연구한 바 있는데, 그 결과로 나온 첫 번째가 다음의 그림과 같이 '심리적 안전감'이라고 합니다.

심리적 안전감은 '내가 이 조직 내에서 어떤 말을 해도 상사와 동료들로부터 질책과 비난을 받거나, 흔히 얘기하는 찍히거나 회사에서 잘리는 등의 일이 발생하지 않을 것이라는 개인적 믿음의 상태'를 말합니다. '그 누구라도 연령, 입사연도, 성별, 지위와 역할에 상관없이, 그 어떤 장소, 그 누구 앞이라도 어떤 말이라도 할 수 있는 말의 자유가 보장된 상태'를 말합니다. '내가 말을 하는 데 있어, 특별한 위험을 감수할 필요가 없는 조직문화 상태'입니다.

〈 구글의 아리스토텔레스 프로젝트 결과 〉

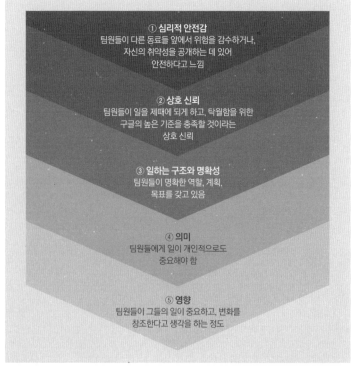

① **심리적 안전감**
팀원들이 다른 동료들 앞에서 위험을 감수하거나,
자신의 취약성을 공개하는 데 있어
안전하다고 느낌

② **상호 신뢰**
팀원들이 일을 제때에 되게 하고, 탁월함을 위한
구글의 높은 기준을 충족할 것이라는
상호 신뢰

③ **일하는 구조와 명확성**
팀원들이 명확한 역할, 계획,
목표를 갖고 있음

④ **의미**
팀원들에게 일이 개인적으로도
중요해야 함

⑤ **영향**
팀원들이 그들의 일이 중요하고, 변화를
창조한다고 생각을 하는 정도

출처 : https://rework.withgoogle.com

"네가 들어온 지 얼마나 되었다고?"

"네가 그 자리에서 제일 막내인데, 아무리 본부장님이 아무 말

이나 해보라고 해도, 어떻게 그런 말을 할 수 있어?"

"너는 여자인데…."

"네 말은 그렇다 치고, 그런데 왜 복장이 그 모양이야? 팔짱은 또 왜 끼고, 태도가 도대체 왜 그래?"

어렸을 적 부모님의 심부름 지시에 또는 뭐라 얘기를 하려다가 자주 들었던 말이 있었습니다. "말대꾸하지 마!", "너 이제부터 아무 말도 하지 마!" 저는 어렸을 적이지만 궁금했던 것이 있었습니다. '말대꾸하는 것과 그냥 말하는 것은 어떻게 다른 것일까?' 구분하기 힘들었습니다. 그래서 저는 그냥 말을 안 하는 길을 선택했습니다. 그리고 최근에 이르러서야 심리적 안전감을 공부하면서 답을 얻게 되었습니다. 부모님이 "말대꾸하지 마!"라고 했을 때는 제 말의 논리에 마땅히 반박할 논리를 찾지 못해 권위로 누르려는 것이었구나.

회사에서도 마찬가지입니다. 아랫사람들의 맞는 말에, 'Why'를 묻는 말에 마땅히 대답할 논리와 말을 찾지 못했을 때 윗사람들은 메시지의 내용이 아닌 메신저를 공격하며 갑자기 화를 냅니다.

"들어온 지 얼마 되지도 않은 사람이⋯."

"나이도 어린 사람이⋯."

"여자가⋯."

"제일 막내가….'

"구두는 어디 두고 슬리퍼를 신었어?"

"팔짱을 끼고, 상사의 말을 듣는 그 태도는 또 뭐야?"

상사의 업무지시에 "왜 그 일을 하필이면 내가 해야 하느냐?"라는 구성원의 반문에 업무지시 내용의 배경, 맥락, 이유, 의미를 잘 파악하고 있는 상사는 당황하지 않습니다. 화도 내지 않습니다. 자신이 이해하고 공부한 논리를 찬찬히 논리적으로 구성원에게 설명하고 납득시키려 할 것입니다. 자신도 업무지시 내용을 잘 모르고, 말하는 논리를 갖추지 못한 상사만이 화를 내며 "너는 잔말 말고 시키는 대로만 해"라고 할 것입니다.

이런 상황이 반복되고 누적되면, 필자의 어렸을 적처럼 구성원들은 '아무 말도 하지 말아야겠구나', '괜히 얘기했다가 면박에, 혼만 나겠구나'라고 생각하면서 말문을 닫게 될 것입니다. 상사를 제외한 다른 모든 구성원이 침묵하는 조용한 조직은 건강한 조직이 아닙니다. 프로농구나 프로배구의 작전 타임 시간을 지켜보면, 감독 혼자만 얘기하지 않습니다. 선·후배를 가리지 않고, 우리 팀의 승리를 위한 얘기라고 판단이 되면 그 누구라도 떠들고 조언합니다.

이기는 조직은 파이팅이 넘치고 시끄럽고 떠드는 조직입니다. 반면, 패배가 명백한 팀은 사기가 떨어지고 침체가 되어 조용합니다. 너 때문이라고 비난받기 싫어 다들 눈치만 보며 말을 아낍니다. 아침부터 저녁 퇴근할 때까지 서로에게 아무 말도 안 하고 조용한 조직, 상사의 말소리만 들리는 조직은 괜히 얘기했다가, 아이디어를 꺼냈다가 '네 책임이라는 말', '그럼 네가 직접 해보라는 말'이 두려워, '그냥 가만히 있자. 그럼 중간이라도 가겠지', '회사는 잘 모르겠고, 일단 나라도 살아야지'라는 인식이 지배하고 있는 곳입니다. 심리적 안전감 없이 구성원들은 자신들의 개인적 안위에만 관심을 둘 뿐, 회사의 생존과 성장에는 관심이 없습니다. 그렇게 회사는 난파선이 되어갈 것입니다. 그래서 심리적 안전감이 중요합니다. 나와 내가 속한 조직의 생존과 성공을 위해 심리적 안전감은 확보되고 확산해야 합니다.

OKR은 성공 확률이 60~70%밖에 안 되는 도전적인 것, 달성률이 0%만 아니면 괜찮은 혁신적인 것을 Objectives와 Key Results로 설정합니다. 즉 구성원 자신의 성장과 조직의 생존, 성공을 위해 성공 확률이 100%가 안 되는 정말 어려운 일들을 해보겠다고 구성원들이 스스로 아이디어를 꺼내놓아야 합니다.

"이 아이디어를 꺼내놓았다가 '그거 안 돼', '그거 예전에 다 해 봤던 거야', '말도 안 되는 소리를 하고 있어', '그걸 한다고? 네가 사장되면 그때나 해', '정 하고 싶으면 당신이 직접 해봐', '이것 했다가 잘 안 되면 당신이 다 책임져야 해, 알지?'라는 말을 듣는 것 아닐까?"

이런 생각이 먼저 떠오른다면, 이러한 조직은 심리적 안전감이 없는 조직입니다. 성공 확률이 60~70%밖에 안 되는 도전적인, 달성률이 0%만 아니면 괜찮은 혁신적인 Objectives와 Key Results가 있어도 구성원들은 자기 마음 밖으로 꺼내놓지 않을 것입니다. 자신이 얻을 편익보다 불이익이 크다고 판단해 마음속에 꽁꽁 감추고 꺼내놓지 않을 것입니다. 도전적이고 혁신적인 목표 설정은 불가능하며, 목표 설정은 여전히 지금과 같이 Top-down 방식으로 위에서 아래로 일방적으로 배분되고 지시되고 통보될 것입니다.

구성원들은 목표 설정 과정에서 자신의 아이디어를 보태지도 않았고 참여도 하지 않았기 때문에, 헌신하지도 않을 것입니다. 목표와 일의 완성도를 높이고자 발현되어야 할 자발성, 자율성은 기대할 수 없게 됩니다. 목표와 일은 누구나 다 할 수 있는 알 만한 것들로 설정되고, 목표 달성 수준 역시 성공 확률 60~70%, 달성률 0%만 아니면 괜찮은 어려운 수준이 아니라, 결과적으로 목표 달성률 100%에 모두 다 무난히 이를 수 있는 수준으로 설정될 것입니다.

말 그대로 '성과의 관리'입니다. 현재의 성과를 간신히 '현상 유지'만 하는 MBO 수준의 성과관리가 될 것입니다. 현재의 성과를 현상 유지하는 'MBO 성과관리'에서 우리에게 없던 새로운 성과를 창출하는 'OKR 성과창출'이어야 하는데, 새로운 혁신적인 제품과 서비스를 시장에 내놓아 비즈니스의 판을 바꾸고 세상도 바꾸어야 하는데 그러지 못하는 것입니다.

1990년대 중반 당시의 토요타 자동차의 연비 효율을 200% 혁신하라는 경영진들의 지시를 연구개발진이 말도 안 된다고 무시했다면, 그리고 연비 효율을 200% 개선하기 위해 가솔린 자동차인데 저속 구간에서는 전기 모토로 구동되게 하겠다는 연구개발진의 아이디어를 경영진이 말도 안 된다고 무시했다면 오늘날과 같은 하이브리 자동차 모델은 만들어지지 못했을 것입니다. 심리적 안전감이 확보된 조직문화에서 말도 안 되는 생각들과 아이디어들을 수용해준 사람들이 있어 토요타의 프리우스와 렉서스가 탄생한 것입니다. 그리고 저속 구간에서 전기 모토로 차를 구동시키겠다는 아이디어는 오늘날 전기차가 만들어지게 되는 중요한 모멘텀 역할을 합니다.

2000년대에 기존 핸드폰에 PC와 인터넷 기능을 추가한 새로운 핸드폰의 아이디어를 누군가 내었을 때, 말도 안 된다고 무시하는 사람들만 있었다면 오늘날과 같은 스마트폰은 만들어지지 못했을 것입니다.

이렇게 OKR은 세상에 없는 제품과 서비스, 지금까지는 도전하지 못했던 목표 달성 수준에 도달하게 해주는 새로운 성과를 혁신적으로 창출하는 도구입니다. 하지만 심리적 안전감으로 조직 문화가 같이 변하지 않으면, 그 누구도 좋은 아이디어를 꺼내놓지 않고 침묵하게 될 것입니다. 좋은 아이디어를 꺼내놓아도 비난받기 쉽고, 일만 많아지고 제대로 된 평가를 받지 못한다면 그 누구라도 자유롭게 말하지 못할 것입니다.

'말의 자유!' 그 어떤 말을 해도, 그 어떤 황당무계한 아이디어를 내도 이상한 사람 취급당하지 않고, 물리적 불이익도 없다는 인식을 구성원들이 모두 다 갖도록 조직문화를 개선하고 또 개선해나가야 합니다. 2022년부터 S전자에서는 직원 상호 간 존댓말 사용,

직급 통합 등의 조치를 취할 뿐만 아니라, 내부 인트라넷에서 직원들의 입사연도, 사번, 나이, 직급을 알 수 없게 하고 있습니다. 이러한 조치들은 그냥 하는 것이 아닙니다. OKR을 제대로 실행하기 위한 사전 장치들입니다. OKR이 제대로 작동할 수 있는 조직문화를 만들고자 하는 장치들이며, 그 가운데 심리적 안전감은 가장 핵심적인 역할을 합니다. 우리나라 사람들은 모르는 사람을 처음 만나면 나이를 묻고, 그 나이에 따라 형과 동생을 확인하는 서열화 작업을 가장 먼저 합니다. 누가 형인지, 동생인지를 알아야 편하다고 느낍니다.

어떤 정치인은 자신이 형이라고 불리기를 좋아하며, 동생 삼는 것을 즐긴다고 합니다. '호형호제(呼兄呼弟)!' 하지만 왜 S전자에서는 호형호제를 못 하게 입사연도, 나이, 직급 등을 알 수 없게 하고, 윗사람도 아랫사람에게 존댓말을 쓰라고 할까요? 호형호제하게 하고, 위·아래 서열과 순서를 알려주었더니, 그 자체로 수직적 서열문화가 만들어져 위에 있는 사람 또는 선배들이 아랫사람들, 후배들의 좋은 아이디어와 생각들을 권위로 뭉개는 경우가 많아서 이를 막기 위한 것입니다. 심리적 안전감을 제고하는 데 방해되는 서열화, 위계, 권위주의 등의 생성 토대를 지금이라도 제거하려고 하는 것입니다.

TV를 보다가 구글 코리아 전무로 일하다가 퇴사하고 미국 구글 본사 신입사원으로 입사해 일하고 있는 52세의 어떤 분의 스토리를 듣게 되었습니다. 그리고 심리적 안전감과 관련해 생각해보았습니다.

"저분이 한국의 다른 기업에 신입사원으로 입사를 했다면 참 힘들었겠다."

한국 기업에 입사했다면, 먼저 나이가 52세인 신입사원을 뽑지도 않겠지만, 뽑았다 하더라도 일에 앞서서 어떻게 관계를 설정해야 할지를 놓고 기존 직원들은 한참 고민했을 것입니다. '언니라고 불러야 하나?', '말을 놓으면 안 되겠지?', '나이가 많으니 어떤 일을 주어야 하나?', '누가 대학 후배지? 고향 후배지?' 등등. 본질인 일에 앞서서 서열 관계를 먼저 확실하게 하고자 했을 것입니다. 그리고 서로 기분 상하지 않게 하려고 말을 조심할 것입니다. 다행히 52세의 이 여성분은 미국 구글 본사에 입사하여, 이런저런 고민과 쓸데없는 관계 설정 없이 자신이 하고 싶은 일을 마음껏 즐기면서 하고 있을 것입니다. 그 어떤 말을 하고, 그 어떤 아이디어를 내어도 서열 때문에 기분 상하는 사람이 없을 터이니 심리적 안전감을 온전히 다 느끼고 있을 것입니다.

다음의 진단지는 에이미 에드먼슨 교수의 책에 나오는 것입니다. 우리 팀의 조직문화 수준, 심리적 안전감의 수준을 한번 스스로 점검해보기 바랍니다. 7개 문항에 리커트 5점 척도로 진단하는 것이니 최고점 총점은 35점입니다.

〈 우리 팀의 '심리적 안전감' 수준 진단 〉

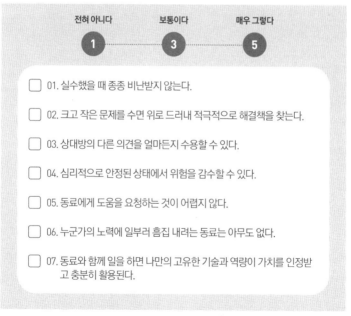

전혀 아니다　　보통이다　　매우 그렇다
1　　　　　3　　　　　5

☐ 01. 실수했을 때 종종 비난받지 않는다.

☐ 02. 크고 작은 문제를 수면 위로 드러내 적극적으로 해결책을 찾는다.

☐ 03. 상대방의 다른 의견을 얼마든지 수용할 수 있다.

☐ 04. 심리적으로 안정된 상태에서 위험을 감수할 수 있다.

☐ 05. 동료에게 도움을 요청하는 것이 어렵지 않다.

☐ 06. 누군가의 노력에 일부러 흠집 내려는 동료는 아무도 없다.

☐ 07. 동료와 함께 일을 하면 나만의 고유한 기술과 역량이 가치를 인정받고 충분히 활용된다.

출처 : 에이미 에드먼슨, 《두려움 없는 조직》

일반적으로 30점 이상이면 상당히 양호한 편일 것이며, 그 반대로 15점 미만이면 우리 팀의 조직문화 상태를 심각하게 면밀히 살펴봐야 할 것입니다.

다음의 그림도 역시 에이미 에드먼슨 교수의 책에 나오는 것입니다. '업무수행 기준'의 높고/낮음과 '심리적 안전감 수준'의 높고/낮음에 따라 조직의 유형을 4개로 분류하였습니다.

〈 '심리적 안전감'과 '업무수행 기준'에 따른 조직의 유형 〉

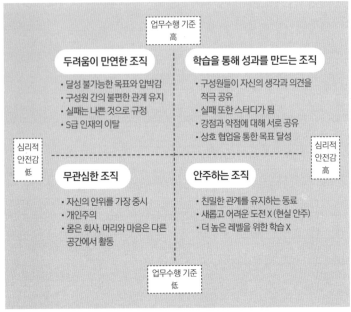

출처 : 에이미 에드먼슨, 《두려움 없는 조직》의 원본 내용을 필자가 수정

독자들이 소속되어 있는 우리 조직은 두려움이 만연한 조직인지, 무관심한 조직인지, 안주하는 조직인지, 아니면 업무수행 기준도 높고, 심리적 안전감 수준도 높은 '학습을 통해 성과를 만드는 조직'인지 살펴보고 확인하기 바랍니다. 심리적 안전감이 높은 조직은 성과를 만드는 조직이며, OKR 역시 현재의 성과를 유지하는 것이 아닌, 세상에 없던 새로운 성과를 창출하는 도구입니다.

💬 팀의 심리적 안전감을 촉진하는 구글의 방법

팀 조직의 리더가 단위 조직 내에 심리적 안전감을 확보하는 일에 지름길은 없습니다. 지금부터 시작해 찬찬히 하나씩 둘씩 쌓아 올려야 합니다. 구글에서는 다음과 같이 일하라고 팀장들에게 주문합니다.

팀장이 참여하고 몰입하고 있음을 나타냅니다.

- 참여해, 대화에 집중합니다(ex. 회의 중에는 노트북을 닫습니다).
- 팀원들에게 배우려는 의도로 질문합니다.
- 인풋(input)을 제공하고, 상호작용하고, 경청하고 있음을 보여줍니다.
- 참여하고 몰입하고 있음을 보여주기 위해 말로 대꾸합니다(ex. "맞이 되네요. 더 말 씀해주세요.").
- 신체 언어에 유의하십시오. 말하는 사람 쪽으로 몸을 기울이거나 얼굴을 정면으로 바라봅니다.
- 연결되어 있음과 적극적 경청을 보여주기 위해 눈을 마주칩니다.

팀장이 이해하고 있음을 보여줍니다.

- 상호 이해/정렬을 확인하기 위해 말한 내용을 요약합니다(ex. *"당신이 말한 내용은…"*). 그런 다음 동의, 부동의 영역을 인정하고, 팀 조직 내에서 질문에 개방적인 태도를 보입니다.

- 상대방이 말한 내용에 대해 말로 확인합니다(ex. *"이해합니다.", "무슨 말인지 알겠습니다."*).

- 비난하지 말고(*"왜 이렇게 했어?"*), 해결책에 집중합니다(*"다음에 이 일이 더 순조롭게 진행되도록 하려면 어떻게 해야 할까요?", "다음 계획을 세우기 위해 함께 무엇을 할 수 있을까요?"*).

- 당신의 표정에 유의해야 합니다. 의도하지 않게 부정적일 수 있습니다(*찌푸리거나 찡그리면서*).

- 대화/회의 중에 고개를 끄덕여 이해했음을 나타냅니다.

팀장이 대인 관계 설정에 포함해야 할 것들

- 팀원 각 개인의 작업 스타일 및 선호하는 것들에 대한 정보를 공유하고, 팀원들도 똑같이 하도록 권유합니다.

- 팀원들에게 자연스럽게 다가갈 수 있는 기회를 만듭니다(ex. *즉석 1:1 대화, 피드백 세션, 경력 코칭 등을 위한 시간 등*).

- 일반적인 1:1/팀 회의 외에 실시되는 즉석 회의의 목적을 팀원들에게 명확히 전달합니다.

- 팀원 각각의 조직 기여도에 대한 고마움을 표현합니다.

- 어떤 팀원이 다른 팀원에 대해 부정적으로 이야기하는 경우에는 개입해 제지합니다.

- 몸의 자세를 개방적으로 취합니다(ex. *팀원 모두를 정면으로 마주하고, 팀원 일부에 대해서라도 몸의 방향을 돌리지 마십시오*).

- 친밀감을 형성합니다(ex. *업무 외 생활에 대해서도 팀원들과 이야기를 나눕니다*).

팀장이 의사결정에 포함해야 할 것들

- 팀원들에게 인풋, 의견, 피드백을 요청합니다.
- 팀원들을 방해하지도 말고, 팀원들의 방해를 허용하지도 않습니다(ex. 팀원들이 방해를 받았을 때 개입하여, 그들의 아이디어가 제대로 들리도록 합니다).
- 팀원들에게 결정의 이유를 설명합니다(ex. 비대면 화상 미팅 또는 이메일 등을 통해 결정에 도달하게 된 팀장의 고민과 생각 등을 팀원들에게 안내합니다).
- 팀원들의 의견을 인정해줍니다(ex. 팀원들 중 누군가가 성공 또는 좋은 의사결정에 기여한 경우 인정을 해주고 지지를 보냅니다).

완고해 보이지 않으면서, 팀장의 자신감과 신념을 보여줍니다.

- 팀 내 토론 과정을 관리합니다(ex. 팀 회의에서 본질적 주제 외 대화를 허용하지 않고, 갈등이 발생할 경우에는 개인 간 사적인 갈등으로 비화하지 않게 관리합니다).
- 팀 내에서 명확하고 잘 들릴 수 있게 메시지를 전달합니다.
- 팀 전체를 지원하고 대표합니다(ex. 팀원 각각의 기여와 공로를 인정하고, 경영진에게 팀의 여러 활동 내용을 공유합니다).
- 팀장의 생각에 반박하고, 팀장의 결정에 도전할 수 있도록 팀원들 각각을 자극합니다.
- 자신의 실수에 대해 솔직하게 고백합니다. 팀원들과 일의 진행 상황과 일의 실패에 대한 의견을 공유합니다.
- 팀원들이 위험을 감수하도록 격려하고, 동시에 팀장도 자신의 작업에서 위험을 감수하는 모습을 보여줍니다.

출처 : https://rework.withgoogle.com

08

③ Key Results를 스스로 정하게 하라! :
자유재량권을 부여한다

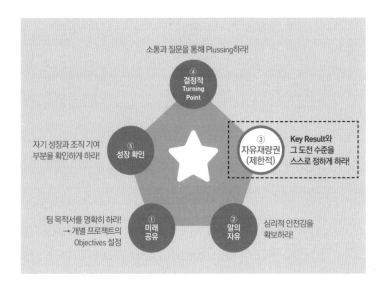

실무적으로는 가장 중요한 단계입니다. OKR의 구성 체계인 Objectives-Key Results-Initiatives 간의 개념을 명확히 하고, 혼용됨 없이 올바른 방식으로 제대로 Key Results를 기술해야 합니다.

💬 Objectives와 Key Results의 개념과 내용

먼저, Objectives와 Key Results를 구분해보겠습니다. 다음 그림처럼 Objectives는 그 조직이 도달하고자 하는 최종 목적지이며, Key Results는 Objectives에 얼마나 가까워졌는지를 측정하는 기준입니다. 즉 Objectives는 앞에서도 설명한 것처럼 Mission에 가까운 개념이며, Key Results는 MBO의 KPI와 거의 유사한 개념입니다. 결국, MBO와 OKR이 전혀 다른 것이 아닙니다. MBO의 장점을 더 발전시키고 단점을 보완하는 방식으로 OKR이 개발된 것입니다. MBO의 많은 것이 여전히 OKR에서 쓰이고 있습니다. 역사적으로 보면 MBO가 인텔로 들어가 변형되어 인텔의 MBO라는 의미로 iMBO로 불리고, 이 iMBO가 다시 개발되어 OKR이 된 것입니다.

〈 Objectives와 Key Results의 개념 구분 〉

Objectives	Key Results
"Where you'd like to go" 조직이 도달하고자 하는 '목적지'	"How you'll get there" Objective에 얼마나 가까워졌는지 측정하는 기준
• 회사가 되고자 하는 모습이나 고객에게 주고자 하는 가치를 나타냄 • 우리에게 가장 중요한 것 • 달성하려는 열망과 행동을 불러일으키는 것	• 목표 달성을 위한 핵심 결과물 • 구체적, 계량적, 측정 가능, 기한 설정 • 목표 실현을 증명하는 결과

출처 : 장영학·유병은, 《Why를 소통하는 도구, OKR》

다음은 Objectives의 올바른 표현과 잘못된 표현에 대한 예시입니다.

〈Objectives의 올바른 표현 vs. 잘못된 표현〉

좋은 목표 예시	나쁜 목표 예시
• 화장품 업계의 변종이 된다. • 로켓 대응 • 고객이 또 다시 찾고 싶은 상품 만들기	• 매출 1,000억 원 • 출고 시스템 구축 • 거래처 수 1,000개

출처 : 김경민·김수진·신주은, 《OKR로 성과를 내는 25가지 방법 OKR 파워》

〈 Objectives의 올바른 표현 예시 〉

- 온라인에서 살 수 있는 모든 것을 제공하는 No.1 이커머스가 된다.
- 고객의 가정 살림에 보탬이 되는 가성비 높은 PB 제품군을 확대한다.
- 고객이 검색하기 전에 원하는 것을 추천한다.
- 고객이 우리 제품을 언제 어디서나 쉽게 구할 수 있게 한다.
- 음식 배달 대행시장에서 입지를 다진다.
- 업계에서 가장 일하기 좋은 직장이 된다.
- 구성원들을 성장시키는 인사제도를 마련한다.
- 비즈니스 도약을 위해 업계 최고의 인재를 채용하고 팀 빌딩을 마친다.
- 사업 건전성을 위해 필요한 자금을 확보한다.
- 비대면, 재택근무의 업무 생산성을 높일 수 있는 인프라를 구축한다.

출처 : 장영학·유병은 《Why를 소통하는 도구, OKR》

예시와 같이, OKR의 Objectives는 MBO의 Objectives와는 다르게 Mission처럼 기술됩니다. OKR의 Objectives는 "미래에는 우리가 어떤 모습이 될 것이다. 어디에 가 있을 것이다. 무엇을 완성해놓고 있을 것이다"와 같은 우리의 미래에 대한 기술입니다. 액자 속의 형식적 슬로건이 아니라, 구성원 모두를 가슴 뛰게 하고, 전율하게 하고 설레게 만들어 모두가 한 방향으로 에너지를 집중하고 같이 뛰게 만드는 멋있는 글귀입니다. 단순히 멋있는 글귀에만 머물지 않고, 구성원의 행동을 규정하고, 목표 달성을 위해 시작하게 하고 움직이게 하는 힘도 있어야 합니다.

Objectives와는 달리 Key Results는 다음과 같은 4가지 속성을 가지고 있습니다.

"얼마나 전략적인가?"
"고객지향적인가?"
"주도성을 발휘할 수 있는가?"
"조직 전체의 시너지 제고를 위해 연결되어 있는가?"

이 4가지 속성을 먼저 살펴봐야 합니다.

〈 Key Results의 4가지 속성 〉

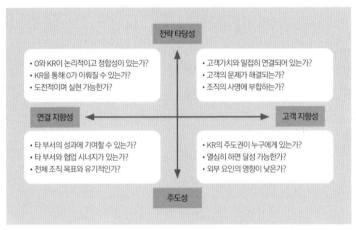

출처 : HR에듀센터, 'OKR 도입체계 구축'

다음은 Objectives와 마찬가지로 Key Results의 올바른 표현과 잘못된 표현을 예시를 통해 보여드립니다. 올바른 표현은 구체적 수치 및 횟수로 표현됩니다. MBO의 KPI와 거의 동일한 표현입니다. 실제 OKR의 핵심 결과물인 Key Results는 MBO의 핵심성과지표(KPI, Key Performance Indicator)와 다르게 표현되기도 힘듭니다.

〈 Key Results의 올바른 vs. 잘못된 표현 〉

좋은 핵심결과 예시	나쁜 핵심결과 예시
• 앱 다운로드 45% 증가 • 앱 로딩시간 2초에서 0.5초 줄이기 • 고객만족도 90점 이상 • 4분기 매출 50억 달성 • 신규 거래처 20개 계약 체결	• 부진한 재고 관리하기 • 바이어 관리하기 • 팀워크 강화 • 출고 누락 없도록 서포트 • 거래처와 관계를 강화하도록 매주 연락하기

출처 : 김경민·김수진·신주은, 《OKR로 성과를 내는 25가지 방법 OKR 파워》

〈 Key Results의 올바른 표현 방법 〉

활동/행동 중심의 표현 (X)	결과 중심 표현으로 전환 "이 활동들을 잘하면?"	결과 중심의 표현 (O)
고객만족도를 측정한다. 조직을 진단한다. 고객 구매패턴을 분석한다.	측정/진단/분석을 하는 궁극적인 이유는 무슨 결과를 얻고자 함인가?	고객만족도 __점을 달성한다. 직원만족도 __점을 달성한다. 고객 재구매율을 __%에서 __%로 증가시킨다.
유관부서와 3회 미팅한다.	유관부서와의 3회 미팅을 통해서 얻고자 하는 결과는?	_____ 사업계획서를 언제까지 완료한다.
디지털 마케팅을 추진한다. (강화/개선/고도화한다.)	디지털 마케팅을 추진해서 얻고 싶은 결과는?	온라인 _____ 채널 구독자 수 __명을 확보한다.
온라인 자사몰을 활성화한다.	활성화 노력을 통해 얻고 싶은 활성화된 결과는?	월간 활성 사용자 수를 __만 명에서 __만 명으로 늘린다.
지원한다.	일상적 업무는 OKR에서 제외 만약, 타 팀/동료의 OKR을 지원하는 것이라면 공동의 OKR로 참여	협업팀 같은 OKR, 다른 이니셔티브

출처 : 이길상, 《OKR로 빠르게 성장하기 OKR & GROWTH》

위 예시와 같이, Key Results는 Objectives를 추진해가는 과정에서의 진행 사항, 활동사항, 사람의 행동 등으로 표현되어서는 안 됩니다. 그러한 진행 사항, 활동 사항과 행동의 결과, 최종적으로 우리가 얻게 되는 결과물 중심으로 표현되어야 합니다. 유관부서와 3회 미팅을 했다는 사실을 알고 싶은 것이 아니라, 그 미팅의 결과물을 알고 싶은 것입니다. 디지털 마케팅을 추진하고 고도화한 이후에 무엇이 어떻게 달라지는지를 확인하고 싶은 것입니다. Objectives는 다소 막연하고 모호해도 좋습니다. 구성원 모두를 전율하게 만들고, 한 방향으로 모이게만 한다면 슬로건처럼 선언적인 문구, 추상적인 문구로 만들어져도 좋습니다. 하지만 Key Results부터는 매우 구체적이어야 합니다.

💬 Initiatives의 개념과 내용

이제부터는 Objectives 설정, Key Results 작성 이후의 Initiatives에 대해 설명합니다. 먼저, 이들 간의 상호관계입니다.

〈 Objectives-Key Results-Initiatives 간의 관계 〉

O	• 무엇을 성취하고 싶은가? • 우리가 궁극적으로 성취하고 싶은 것(기대하고 바라는 모습, 상태)	목적(WHY)
KR	• 우리가 목표를 달성했는지 어떻게 알 수 있는가? • 성공을 측정하는 방법(기준, 지표, 숫자, 결과, Outcome)	지표(WHAT)
Initiatives	• 핵심결과를 이루기 위한 전략적 행동들은 무엇인가? • 3개월 기간 내 원하는 핵심결과를 얻기 위한 필수 행동들(활동, 과업, To do)	일(HOW)

출처 : HR에듀센터, 'OKR 도입체계 구축'

Key Results가 결과였다면 Initiatives는 과정입니다. 앞에서도 설명한 바 있지만, Key Results 달성을 위한 Action Item, Task 등이 Initiatives입니다. Key Results 달성을 위한 수단과 도구가 Initiatives입니다. 사업계획, 전략과제 등으로 이해해도 좋겠습니다. 다만, OKR이 만들어진 구글에서는 오히려 이렇게 범용화된 OKR 용어인 Initiatives가 사용되지 않고 있다고 합니다. 재미있는 일입니다. 확인하지는 못했지만 초창기 구글의 OKR 모델이 여러 기업을 거치면서, 여러 전문가와 컨설턴트의 손을 거치면서 더 좋은 모습으로 발전하는 과정에서 이런 용어가 새롭게 만들어진 것이 아닐까 생각합니다.

Key Results와 Initiatives, 이 양자의 개념을 다음 그림과 같이 구분/정리해보았습니다.

〈 Key Results와 Initiatives의 개념 구분 〉

Input 투입	Activity 활동	Output 산출	Outcome 결과
업무수행을 위해 투입되는 자원들 (물자, 돈, 정보, 시간, 인력 등)	인풋을 아웃풋으로 전환하는 과정 (일차적인 활동)	업무수행을 통해 만들어지는 직접적인 결과물	아웃풋을 통해 창출한 효과 (고객만족, 매출 증가, 생산성 향상 등)
무엇이 소요되는가?	실행이 충분한가?	직접적으로 무엇을 얻는가?	무엇이 좋아지는가?
KR 달성을 위해 아이디어를 갖고 행하는 Initiatives의 영역		KR의 달성 영역	

출처 : HR에듀센터, 'OKR 도입체계 구축'

즉 위 그림과 같이 Initiatives는 좌측의 Input과 Activity의 영역이며, Key Results는 우측의 Output과 결과물인 Outcome의 영역입니다. "무엇무엇을 투입해 어떤 활동을 한다"라고 표현되는 것은 Initiatives이며, "무엇을 얻어내어 어떤 결과물을 만들어낸다"라고 표현되는 것은 Key Results입니다.

💬 OKR 기술서 작성

Objectives-Key Results-Initiatives 간의 개념을 구분해보았습니다. 이제부터는 실제 Objectives-Key Results-Initiatives 각각을 기술해보겠습니다. 필자는 이 단계에서부터는 리더와 구성원 모두가 모여 미니 워크숍을 해야 한다고 주장합니다. 리더-구성원 간 1:1 개별 면담을 통해 Objectives-Key Results-Initiatives의 내용을 논의하고 확정하는 목표 설정 면담 이후에 구성원 각각이 설정한 내용을 갖고 사내 회의실에 모이도록 하십시오. 그리고 다음의 OKR 기술서 양식을 제시하고, 구성원 1명당 1장의 전지에 Objectives-Key Results-Initiatives 설정 내용을 옮겨 적게 합니다.

Key Results의 유형인 혁신/도전/필수 KR이 무엇인지는 이 책 Part 1에서 다룬 바 있습니다. 달성 수준을 설정할 때는 가능하다면 전년도 실적을 적어놓지 않거나 무시하는 것도 필요합니다. 전년도 실적을 적어놓으면 우리는 항상 전년 대비 몇 % 성장한 금년도 실적을 설정하는데, 이 방식은 MBO 방식입니다. 전년도 실적과는 상관없이 도전하고 혁신할 수 있는 거대한 실적, 달성 수준을 설정하는 것이 OKR입니다.

〈OKR 기술서 : Key Results와 Initiatives 작성〉

직무 (분장 업무)	No.	Objectives	Key Results	Key Results 유형	달성 수준		Initiatives
					2022년	2023년	
	1	고객이 검색 하기 전 원하는 것을 추천한다.	추천 상품 클릭률	필수 KR	3.5%	5.0%	Random Walk 알고리즘 적용
			검색 결과 로딩 시간 단축	도전 KR	-	0.05초 단축	파일럿 테스트 클릭률 7%
			결제 건당 평균 구매 상품 수	혁신 KR	1.8개	2.4개	----

  작성이 완료되면 작성된 모든 전지를 회의실 벽에 붙여놓습니다. 그리고 이제부터 리더와 구성원 모두는 전지의 내용을 구경하러 돌아다닙니다. 돌아다니면서 전지의 내용을 작성한 동료 구성원에게 Objectives-Key Results-Initiatives에 대한 설명을 듣기도 하고, 질문도 하고, 추가 의견도 제시합니다. 전지의 내용을 작성한 구성원은 설명하고 질문도 받고, 질문에 답변도 하면서 자기 작성 내용에 대한 심화된 공부를 자연스럽게 할 것입니다. 자

기 작성 내용에 대한 책임감과 주인의식도 제고될 것입니다. 아울러 동료 구성원들의 추가 의견의 피드백을 받아, 자기 작성 내용의 완성도를 높일 수도 있을 것입니다.

해당 Objectives-Key Results-Initiatives를 담당하고 있는 구성원 외에 리더와 동료 구성원들이 같이 참여해 논의하고 논의해 러프(거칠었던)했던 것들을 정교하게 가다듬어 나갑니다. 이제 앞으로는 개인의 일이어도 혼자 하지 않습니다. 혼자 열심히 해 성과를 내는 세상은 끝나가고 있습니다. 개인보다 집단으로 일할 때 더 많은 성과를 낼 수 있다는 것을 알기 때문에 우리는 조직을 만들어 일을 합니다. 개인이 아닌 조직으로 일을 할 때 갈등과 같은 역시너지도 있지만, 더 많은 강점이 있기에 우리는 같이 일을 합니다. 실행은 개인이 하더라도 Objectives-Key Results-Initiatives 같은 것들의 결정에 있어 집단 지성의 힘을 발휘해야 합니다.

이 과정에서 심리적 안전감은 중요합니다. 심리적 안전감이 확보된 분위기 속에서 구성원은 동료 구성원들의 작성 내용에 대해 오지랖을 떨어야 합니다. 눈치 보지 말고, 간섭하고 관여하고 피드백해야 합니다. 내 일이 아닌 남의 일에 참여해야 합니다. 참여하면 재미있어집니다. 자발성이 생깁니다. 궁극적으로는 조직 목표에 대한 기여와 헌신을 하게 됩니다.

물론, 최초에 Objectives-Key Results-Initiatives을 설정할 때는 구성원 개인이 할 수밖에 없습니다. 경영진과 리더가 제시한 Max/Min의 가이드라인 범위 내에서 구성원은 전사 목표, 팀의 목적서와 정렬(alignment)을 이루는 Objectives-Key Results-Initiatives를 설정합니다. 회사의 구성원이기 때문에 시키는 일을 할 수밖에 없는 회사원, 월급쟁이이지만 최대한 자신이 하고 싶은 일을 해야 합니다. 가슴 설레는 일을 해야 합니다. 처음에는 가슴 설레지 않아도, 내가 해야 하는 일의 의미를 불어넣어, 의미를 다시 새겨 하고 싶은 일로 만드는 잡 크래프팅(job crafting)도 필요합니다. 심리적 안전감이 확보되어 있는 조직은 내가 무엇을 한다고 해도 비판을 받거나, 불이익을 당하지 않을 터이니 내가 정말 하고 싶은 일을 털어놓을 수 있을 것입니다.

이렇게 Objectives-Key Results-Initiatives 설정에 자유재량권을 부여해야 구성원들은 재미를 느낍니다. 시키지 않아도 새로운 것들을 자꾸 시도합니다. 동료 구성원의 일과 팀 공통의 업무에도 참여해 의견을 제시합니다. 궁극적으로는 팀 전체의 목표를 이루기 위해 몰입하고 헌신합니다.

💬 Key Results의 검증

리더와 동료 구성원들의 피드백을 받아 Objectives-Key Results-Initiatives의 내용을 풍성하게 하는 것 여기서 끝이 아닙니다. 한 번 더 검증의 절차를 거치면 좋습니다. 아직 미니 워크숍의 상황입니다. 다음 그림과 같은 양식을 전지에 그리게 합니다.

〈Key Results 설정의 적정성에 대한 검증〉

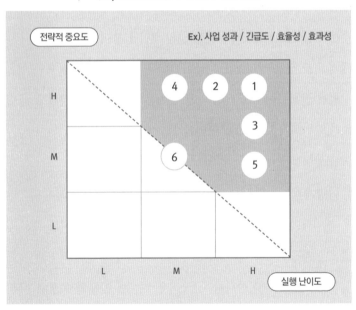

Key Results가 얼마나 전략적으로 중요하며, 실행 난이도가 높은지 진단해보는 3×3 매트릭스입니다. 양식이 그려지면 포스트

잇에 구성원 각자가 설정한 Key Results 제목을 사인펜을 이용해 기재합니다. 다음으로는 이렇게 제목이 기재되어 있는 포스트잇을 먼저 그려진 양식의 전략적 중요도 및 난이도를 감안하여 적절한 위치에 포지셔닝합니다.

즉 그림의 1번 위치에 Key Results가 포지셔닝되었다면 그것은 **중요도도 가장 높고 난이도 가장 높다는 의미입니다.** 반면에 4 **번 위치에 포지셔닝되었다면 그것은 중요도는 여전히 가장 높은데, 난이도는 중간 정도라는 의미입니다.** 결론적으로 Key Results **로 최종 설정되려면, 최소한 진한 색으로 칠해져 있는 우측 상단 영역에 포지셔닝되어야** 합니다.

이 영역에 포함되지 않는 Key Results가 있다면 다시 판단해보아야 하고, 어쩌면 제거되어야 할지도 모릅니다. 전략적 중요도도 높지 않고, 난이도도 높지 않은 Key Results는 도전적이지도 혁신적이지도 않을 것이기 때문입니다. 이런 Key Results은 MBO에서도 KPI로 설정되기 힘들 것입니다.

물론, "각각의 Key Results의 전략적 중요도가 어느 정도인가? 난이도가 어느 정도인가?" 역시 리더 또는 어느 구성원 개인이 단독으로 일방적으로 정하는 것이 아니라, 전 구성원의 참여하에 충분히 논의하고 조정하면서 포지셔닝하는 것입니다. 그렇게 하지 않는다면 이렇게 시간 투입을 필요로 하는 과정은 의미와 가치가 없어질 것입니다. 아울러 리더와 구성원이 합의하여 전략적 중요도 대신 얼마나 혁신적인지, 실행 난이도 대신 얼마나 도전적인지와 같이 평가 기준을 다르게 적용하여 진단해도 됩니다.

Key Results 설정의 적정성에 대한 자기 진단

다음의 그림은 Key Results만 점검해보는 진단지입니다. 다음 그림의 각 질문에 대해 0~5점까지의 점수를 기입해보십시오. 그리고 각각의 점수를 합산해 전체 점수를 산출해보십시오.

- 95~100점 : 매우 우수
- 90~94점 : 우수
- 80~89점 : 보통
- 79점 이하 : 미흡

〈Key Results 설정의 적정성에 대한 자기 진단〉

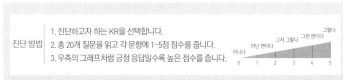

구분	내용	점수	구분	내용	점수
1	조직의 최종적인 상품과 직결되어 있다.		11	결과를 달성하면 목표가 자연히 달성된다.	
2	결과를 통해 고객의 문제가 해결된다.		12	최종적인 차별화된 아이디어가 반영된 결과다.	
3	조직의 사명과 직접적으로 연관된다.		13	한 번의 성과로 끝나지 않고 지속 가능한 변화를 가져온다.	
4	KR 달성을 통해 매출이 일어난다.		14	나의 역할이 OKR 달성에 어떤 기여를 하는지 명료하다.	
5	눈에 보일 정도로 명확히 성과 측정이 가능한 결과물이다.		15	부서의 성과 도출에 꼭 필요한 KR이다.	
6	우리의 결과는 다른 부서의 성과에 기여한다.		16	OKR 달성에 타 부서의 행위가 영향을 미치지 않는다.	
7	우리의 결과는 조직의 상하위 결과와 유기적으로 연결된다.		17	위에서 의사결정을 해주지 않아도 달성할 수 있다.	
8	타 부서와 상호 시너지를 일으킨다.		18	달성 여부는 전적으로 우리의 도전에 달려 있다.	
9	경영진의 핵심 관심사와 연결되어 있다.		19	진행할수록 팀워크가 직접적으로 향상된다.	
10	조직의 내외부에 긍정적인 영향을 미친다.		20	부서의 목표 또는 핵심지표에 직접적으로 연결되어 있다.	

출처 : HR에듀센터, OKR 도입체계 구축

🗨️ OKR 설정의 적정성에 대한 최종 진단

이렇게 설정되고, 내용이 풍부해지고, 검증을 받은 Key Results
와 먼저 설정된 Objectives에 대해 추가적으로 진단, 점검을 해볼
수도 있습니다. 다음의 그림에 Objectives와 Key Results의 내용

을 기술하고 각각에 대해 진단해보기 바랍니다. Likert 5점 척도를 기준으로 점수를 주다 보면 세로줄 한 항목이 25점 만점에 몇 점인지가 나올 것입니다. 진단표 하단의 설명처럼 21~25점은 훌륭한 OKR, 16~20점은 가능성 있는 OKR, 0~15점은 수정이 필요한 OKR입니다. 하지만 직관적인 판단의 결과이니 너무 지나치게 진단의 결괏값에 연연할 필요는 없겠습니다.

〈OKR 설정의 적정성에 대한 최종 진단〉

1	2	3	4	5
그렇지 않다				매우 그렇다

OKR 자가진단표

Objective	○○○	Key Result	AAA	BBB	CCC
전사목표를 달성하는 데 도움이 되었습니까?		결과값이 구체적이고 명확합니까? 수치화, 측정 가능			
팀에게 영감을 주는 목표입니까?		다른 부서의 노력과 상관없이 독립적으로 측정이 가능합니까?			
회사의 성장에 기여하는 목표입니까?		행동이 아닌 결과 중심으로 작성했습니까?			
기간이 정해져 있는 목표입니까?		달성하기가 너무 쉽거나 불가능한 KR이 아닌 도전적인 KR을 설정했습니까?			
OKR이 3개월 후 기대하는 팀의 모습입니까?		KR을 달성하면, OKR이 달성됩니까?			
총 점		총 점			

0~15점	16~20점	21~25점
방향성이 안 맞는 OKR이 될 가능성이 높아요. 다른 OKR을 설정해보는 것이 어떨까요?	가능성 있는 OKR입니다. 작은 성공부터 이루어 나가요.	훌륭한 OKR입니다. 당신의 도전과 변화에 박수를 보냅니다.

출처 : 김경민·김수진·신주은, 《OKR로 성과를 내는 25가지 방법 OKR 파워》

09

④ 소통과 질문을 통해
Plussing하라! :
결정적 Turning Point의 단초를 제공하자

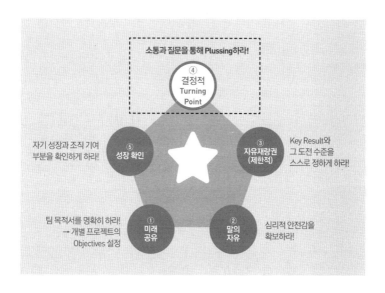

💬 내 인생의 결정적 사건, 사람, 말은 무엇인가?

먼저, 다음 표(137쪽)의 내용을 잠깐 시간을 내어 채워보기 바랍니다. 우리가 의도했든 의도하지 않았든, 또는 의식적이든 의식적이진 않든 우리는 무엇인가에 영향을 받고 또 받으며 오늘날 이 자리에 서 있을 것입니다. 복불복과 같았던 우연과 어떤 인연에 의해 여기까지 오게 되었을 것입니다. 현재의 내 위치에 불만이 있는 사람들은 그런 우연과 인연을 '~때문'이라고 하면서 원망할 것이며, 현재의 위치에 대해 만족하는 사람들은 "내 실력과 노력보다 나는 성공한 사람이야!"라고 자평하며 '~덕분'이라고 감사할 것입니다. 잘 기억은 안 나겠지만, 그리고 부지불식간에 고마움을 의식하지 못하고 지나왔겠지만 되돌아보며 성찰해보았으면 합니다. 내 인생에 결정적 영향을 준 책, 영화, 강좌 그리고 나와 인연을 맺었던 내 주변 사람들에는 공통점이 있습니다. 말이 되었던, 문자가 되었던 우리가 사용하는 언어로 되어 있다는 것입니다. 우리는 언어 외에 자연과 물체, 사물로부터도 영감을 얻을 수 있고, 좋은 영향을 받을 수 있습니다. 하지만 언어와 비교해볼 때 그 비중은 그리 그지 않습니다.

우리는 누군가의 언어에 의해 영향받고, 성찰하고, 성장하고 발전합니다. 토요타의 하이브리드 자동차도, 애플의 아이폰도 누군가의 생각에 다른 사람의 언어가 얹어지고 얹어져서 정말 좋은 혁신적인 제품이 만들어진 것입니다. 리더는 바쁘면 안 됩니다. 실무자인 구성원에 대해 시간 여유가 많아야 합니다. 놀라는 것이 아닙니다. 그 시간을 즐기라는 것이 아닙니다. 그 여유 시간을 자기 자신과 자신이 담당하고 있는 조직에 대해 되돌아볼 수 있는 성찰의 시간으로 활용해야 합니다. 오늘날의 내가 있기까지 결정적 영향력을 준 사람과 그 사람이 어떤 말을 해주었는지에 대해 성찰을 하며 다음 양식에 내용을 정리해 채워보기 바랍니다.

〈 내 인생의 결정적 사건, 사람, 말은? : STAR 기법 〉

Situation (어떤 상황?)	
Task (어떤 일을 하다가?)	
Assess(ment) (어떤 도움이 되는 말을 들었나? : 질문, 조언, 질책)	
Result (그 결과는?)	

위의 양식을 모두 다 채웠다면, 그다음으로는 반대로 내가 내 주변 사람들에게 어떤 결정적 영향력을 행사한 적이 있었는지에 대해 기억을 되돌려보았으면 합니다. 그런 일이 있었을까요? 아주 많았을까요? 아니면 거의 없었을까요? 본인이 자각하지는 못해도, 전혀 없지는 않았을 것입니다. 영향력을 준 사람은 기억하지 못해도 받은 사람은 잘 기억하고 있을 것입니다.

리더는 영향력을 행사하는 사람입니다. 리더는 실무자처럼 직접 일을 하지는 않는 사람이기 때문에 영향력 행사, 동기부여를 통해 내가 아닌 다른 사람이 일을 잘하고 계획된 목표와 성과를 제대로 창출하도록 만들어주는 사람입니다. 아울러 리더의 영향력 역시 말과 문자인 언어에 의해 행사됩니다. "내가 어떤 말을 해야 우리 구성원이 좋은 영향을 받을까? 어떤 말을 해주어야 구성원이 일과 삶에 있어 결정적인 터닝 포인트(Turning Point)를 갖게 될까? 구성원이 하고 있는 일, 만들고 있는 제품에 혁신이 일어날까?" 변혁적 리더십 이론의 하위 변인인 '영감적 동기부여', '이상적 영향력'도 리더가 언어를 통해 구성원을 근본적으로 동기부여 시키고, 구성원의 삶을 긍정적인 방향으로 송두리째 바꾸라고 합니다.

구성원을 변혁시키기 위해 의식적으로 노력하고 만들어 말을 전달할 수도 있을 것입니다. 반대로, 의식하지 않고 전달한 말이 구성원을 변혁시키고 제품의 아이디어를 더 풍부하게 만들 수도 있습니다. 의식적이든 무의식적이든 지금과는 다른 결과를 만들려면 리더와 구성원이 지금보다 적극적으로 더 많이 소통하고 질문하고 경청하고 피드백해야 합니다. 양질 전환의 법칙에 의거해 소통의 양이 쌓이면, 질적인 변화도 이루어질 것입니다. 많이 떠들고, 의견을 더 많이 교환하는 과정에서 당초 목표하고 설정했던 우리의 Key Results와 Initiatives의 내용은 플러싱(Plussing)될 것입니다. 오늘날 혁신적인 제품으로 불리는 것들 모두는 당초 의도했던 것에 의도하지 않았던 생각과 아이디어들이 더해져 탄생했을 것입니다.

구성원들과 지금 당장 소통하십시오. 활발한 소통을 통해 구성원들이 현재 하는 일을 업그레이드시켜 주십시오. 구성원들의 Key Results와 Initiatives를 플러싱해주십시오. 물론, 구글의 OKR에서는 OKR 수립 이후 실행 촉진의 방법으로 CFR(Conversation-Feedback-Recognition)을 소개합니다. 하지만 필자는 이 방법 역시 플러싱을 위한 하나의 도구라고 생각합니다.

다음은 Plussing하기 위해 리더가 어떻게 경청하면 좋을지, 어떻게 질문하면 좋을지, 어떻게 피드백해주면 좋을지에 대한 구조화된 모델입니다. '5 대 1 화법'이라는 말을 뉴스에서 들을 바 있습니다. 말하기 좋아하는 어떤 정치인의 경우에 10분 누군가의 얘기를 듣고, 50분 자기 얘기를 한다는 내용이었습니다. 그 반대로 해야 합니다. 100이라는 시간을 갖고 누구와 대화를 한다면, 실제 100 중의 90 이상을 경청에 할애해야 합니다. 그리고 100 중의 5

는 질문, 마지막 남은 5는 피드백입니다. 5% 질문 ➜ 90% 경청 ➜ 5% 피드백입니다.

💬 경청의 방법 : 지지적 듣기 vs. 비판적 듣기

먼저, 90%의 경청하는 방법에 대해 얘기하겠습니다. 경청에는 다음 그림과 같이 두 가지 방법이 있다고 합니다. '지지적 듣기'와 '비판적 듣기'입니다.

먼저, 비판적 듣기입니다. 모든 사람은 알고 있는 상대방에 대해 긍정적이든 부정적이든 선입견, 편견, 고정관념을 갖고 있습니다. 상황을 하나 만들어보겠습니다. 리더가 평소에 탐탁지 않게 생각하고 있던 구성원 중 한 명이 긴급하게 면담을 요청합니다. 헐레벌떡 뛰어와 큰일 났으니, 문제해결을 위해 리더에게 빨리 의사결정을 해달라고 합니다. 면담 요청을 받은 리더는 아무리 마음에 들어 하지 않은 구성원의 면담일지라도 거절할 수 없는 위치이니 일단 면담에 응하기로 합니다. "그래, 어떤 얘기를 하려고 하는 거지?" 하며, 일단 구성원의 얘기를 듣기 시작합니다. 하지만 겉으로는 듣는 척하고 있지만 실제로는 딴 생각뿐입니다.

다음 그림과 같이 상대방에 대한 선입견, 편견, 고정관념으로 인해 리더는 '비판자의 마음'을 갖고 '이 친구, 도대체 지금 이 상황을 정말 제대로 이해하고 있는 것 맞나?', '이거 아닌데…. 지금 무슨 소리를 하고 있는 거지?', '아니, 이걸 지금 하겠다고 하는데, 그럼 진작에 했었어야지. 지난번엔 왜 안 한 거야?' 하며 머릿속으로, 마음속으로 딴 생각을 하며 건성으로 구성원의 얘기를 들을 뿐입니다. 구성원의 얘기를 듣기 전부터 중립성을 잃고 생각이 차단되며, 상대방의 얘기를 제대로 들어보지도 않고 자신만의 예단을 하게 됩니다. 상대방에 대한 질문이 항상 좋은 것이 아닌 것이, 이렇게 상대방의 얘기에 더 이상 집중할 수 없기 때문에 하는 것이 질문이 될 수도 있는 것입니다. 이것이 '비판적 듣기'입니다.

〈 경청의 방법 : 지지적 듣기 vs. 비판적 듣기 〉

Supportive Listening	Critical Listening
• 생각의 동반자 → 발전적 생각의 시작점	• 비판자의 마음 → 생각의 차단
• 문제해결을 위한 호기심의 마음으로 듣기	• 중립성을 갖지 못하고 미리 예단
• 구성원의 생각에 동행하기 위한 질문	• 구성원의 생각을 차단하는 추궁 질문
	– 질문이 항상 좋은 것은 아님 : 말을 끊고 내 말을 하기 위해 사용
• 내가 더 알아야 하는 것은 무엇이 있을까?	• 상황을 제대로 이해한 것 맞나?
• 실행을 하는 데 있어서 제거해야 하는 방해 요인은 무엇이 있을까?	• 아닌데… 지금 무슨 소리를 하는 거지?
• 하고 있는 일을 더 가치 있게 만들려면 무엇을 하면 좋을까?	• 이게 가능하다면, 지난 번엔 왜 안 한 거지?

출처 : 서정현, 《THE 커뮤니케이션》

필자의 경험을 들어 예시를 하나 들어보겠습니다. 현재에도 보험회사에 근무하시는 많은 분께는 어쩌면 실례가 될 수 있는 내용일 수도 있어 미리 양해를 구하고자 합니다. 얼마 전 필자는 15년 전 가입한 연금보험의 라이프플래너(생활설계사)로부터 연락을 받았습니다. 라이프플래너가 바뀌었다고 하면서, 저를 만나 사인을 받을 것이 있다고 하였습니다. 눈치를 보니 굳이 만날 필요는 없을 것 같았는데, 아마 사인도 받고, 인사를 주고받는 것 외에 다른 목적과 의도가 있는 것처럼 보였습니다. 아마도 만나서 이런저런 얘기를 나누다가 제 보장 내역에 대한 컨설팅도 해주고, 부족한 부분을 얘기해주면서 그 부족한 부분을 메울 수 있는 새로운 보험상품에 대한 권유가 있지 않을까 예상해보았습니다. 물론, 이러한 제 생각 역시 선입견, 편견, 고정관념일 수 있습니다.

하지만 이러한 선입견 때문에 저 역시 라이프플래너와의 1시간 미팅에 '비판자의 마음'을 갖게 됩니다. 제 보장 내역에 대한 컨설팅 그리고 그 외의 이런저런 얘기들 모두 저에게 새로운 보험상품을 가입시키려는 의도로 판단되어, 라이프플래너의 말을 더 들으려고 하지 않았던 것입니다. '당신이 이런저런 말을 많이 하지만, 내가 당신 말에 넘어가나 봐라' 하는 굳은 각오로 설득당하지 않는 데에만 집중했던 것입니다. 결국, 다른 생각을 하며 시계를 보다가 1시간 만에 라이프플래너와의 미팅을 마치게 되었고, 결론적으로는 아까운 그 1시간을 허비한 것입니다.

8시간 동안 서서 강의하는 것보다 8시간 동안 앉아서 누군가의 얘기를 듣는 것이 더 힘듭니다. 체력 소모가 큽니다. 그래서 나이 많은 위의 상사가 내 말을 끝까지 들어주지 못하고, 중간에 자르고 들어와 자신의 라떼 시절 얘기, 무용담, 자신의 결론을 얘기해버리는 것입니다. 말하는 것이 더 쉬워서 자기 말을 많이 하는 것입니다. 하지만 리더가 이렇게 말을 많이 하면 구성원들은 둘 중 하나를 선택합니다. 리더와의 면담, 대화, 소통의 시간을 회피하거나, 회피하지 못할 상황이라면 비판적 듣기 모드를 켤 것입니다.

다음은 '비판적 듣기'의 반대인 '지지적 듣기'입니다.

최대한 상대방에 대한 선입견, 편견, 고정관념을 버리고, 상대방과 상대방의 얘기에 대해 호기심을 가져야 합니다. 관심을 가져야 합니다. 이렇게 해야 상대방의 생각에도 동행이 가능합니다. 생각의 동반자가 되어, 문제해결을 위한 여러 고민을 스스로 하게 됩니다. '내가 이 문제해결을 위해 더 알아야 할 것은 무엇이지?', '문제해결을 위해 내가 어떤 것들을 제거하고 조치해야 하지?', '이 일을 더 가치 있게 만들려면, 어떠한 일들을 더 해야 할까?' 이것이 '지지적 듣기'입니다.

사회생활을 하면서 어떤 사람의 얘기를 들으면 공감이 되고 이심전심인데, 또 어떤 사람의 얘기를 들으면 영혼이 탈곡(?)된 상태에서 듣는 척만 하며 시간을 보내려고 합니다. 전자의 경우가 '지지적 듣기'이며, 후자의 경우가 '비판적 듣기'입니다. 이 2가지 경청의 방법은 앞서 설명한 것처럼 선입견, 편견, 고정관념이 있느냐, 없느냐의 차이로 결정이 됩니다. 물론, 대화의 상대방에 대한 선입견, 편견, 고정관념을 완전히 없애면 좋겠지만, 이렇게 하는 것은 거의 불가능에 가깝습니다.

그러면 어떻게 해야 할까요? 우리 모두가 학습을 하는 이유가 여기에 있습니다. 경청의 방법이 '지지적 듣기'와 '비판적 듣기'로 나뉘고, 각각 어떻게 하는 것인지에 대한 학습 이전에는 아무런 문제의식 없이 '비판적 듣기'에 쉽게 매몰되었을 것입니다. 하지만 학습 이후에는 그만큼 알고 있기 때문에 이러한 선입견, 편견, 고정관념을 완전히 없앨 수는 없겠지만, 줄이거나 회피할 수는 있을 것입니다. 혹시라도 '비판적 듣기'에 매몰되어 있더라도 자신이 '비판적 듣기'에 매몰되어 있다는 자각을 통해, 빠져나오려는 노력을 스스로 하게 될 것입니다. 때문에 우리 모두는 항상 학습을 해야 합니다.

💬 질문의 방법 : GROW 면담 코칭 모델

이제부터는 100 중의 5%에 해당하는 질문하는 방법에 대한 소개입니다. GROW 면담 코칭 모델입니다. 그리고 코칭에서 기본 전제, 철학이 있습니다.

첫째, 코칭은 코치의 도움을 받는 상대방에게 문제해결을 위한 잠재능력이 있다고 가정합니다. 상대방이 지금 현재는 코치의 도움을 받는 부족한 존재, 의존적 존재일지는 모르지만 기본적으로는 관련 문제의 해결을 위한 능력을 내면에 보유하고 있다고 생각합니다. 다만, 그러한 잠재능력을 일깨우기 위해 코치는 입에 무엇인가를 떠먹여 주는 것이 아니라, 스스로 자신의 잠재능력을 깨닫고 활용할 수 있도록 적절한 질문을 던지고 이끄는 역할만 합니다.

둘째, 비슷한 내용일 수도 있겠지만 코칭은 모든 문제의 해답은 코치가 아닌 상대방이 갖고 있다고 생각합니다. 다만, 상대방이 해답을 갖고 있다는 사실조차도 인지하고 있지 못하는 경우가 대부분입니다. 상대방이 해답을 갖고 있다는 사실을 코치의 질문에 의해 알게 하고, 그 해답을 통해 그 상대방 스스로가 문제해결을 향해 나아가게 하는 것, 이것이 또 코칭과 코치의 역할입니다. 즉 GROW 면담 코칭 모델은 명칭은 면담과 코칭이라고는 되어 있지만, 실제로는 리더가 구성원에 단계별로 어떤 질문을 해야 하는지에 대한 것입니다.

다음과 같이 각 단계별로 코치인 리더가 어떠한 역할을 하고 어떠한 질문을 던져야 하는지 정리해보았습니다. GROW 모델은 다음과 같이 4단계로 면담의 흐름과 내용을 나누어, 대화를 진행하며 질문하는 것입니다. OKR 한 주기 내에 실시되는 수시/상시 면담의 상황을 가정해보면 좋겠습니다.

GROW 모델은 영국 사람 존 휘트모어 경이 개발한 코칭 모델이며, 단계가 길지 않고 간단하고 쉬워 전 세계적으로 가장 많이 통용되고 활용되고 있습니다. 다음 그림의 내용처럼 리더는 구성

〈 GROW 면담 코칭 모델의 전체 구조 〉

G oal	**(목표 설정 및 공유) 목표를 구체적으로 인지하게 하라!** • 논의할 주제 합의 • 코칭의 구체적 목표 합의 • 목표 확인/커뮤니케이션	– What do you know?
R eality	**(현상 인식) 현재 진행 상황을 객관적으로 바라보게 하라!** • 자체 평가 유도 • 구체적 사례의 피드백 제공	– Where are you now ?
O ption	**(현상 개선 대안) 발전적 대안을 모색하게 하라!** • 모든 가능한 대안들 검토 → 신중한 제안 제공 • 대안 선택 확인	– What can you do ?
W ill	**(행동 계획) 실행의지를 스스로 다지게 하라!** • 지원 합의 • 단계 구체화와 일정표 작성	– What will you do ?

출처 : 존 휘트모어, 《성과 향상을 위한 코칭 리더십》

원에 대해 각 단계별 '~하게 하는' 질문을 합니다. 리더는 본인이 알고 있는 정답을 그냥 알려주는 것이 아니라, 시간이 오래 걸리더라도 질문을 통해 구성원이 <u>스스로</u> 정답에 이를 수 있도록 깨우쳐줍니다.

각 단계별 리더의 역할과 유용한 질문 예시에 대해서는 다음 그림을 각각 봐주기 바랍니다.

먼저, **첫 번째는 Goal 단계입니다.** OKR 한 주기의 맨 앞에서 설정한 목표의 내용과 목표의 수준을 리더와 구성원은 잘 알고 있을 것입니다. 하지만 질문을 통해 구성원이 누락됨 없이, 정말로 제대

〈 GROW 면담 코칭 모델 : Goal 단계의 활동과 질문들 〉

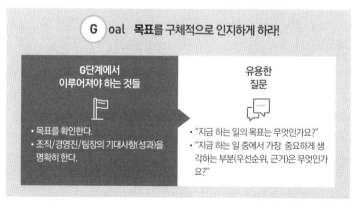

로 목표에 대해 정확히 인지하고 있는지를 확인합니다. 여기에서는 목표는 Objectives/Key Results/Initiatives 모두를 의미하는 것으로 받아들이면 좋겠습니다. 어떤 목표를 세우고 어떤 활동을 하기로 했는지를 질문을 통해 점검해보십시오.

아울러 Objectives는 하나여도 Key Results와 Initiatives는 여러 개일 것입니다. Key Results와 Initiatives가 여러 개일 경우, 우선순위와 우선순위의 근거에 대한 확인도 필요합니다. 공과 사를 명확히 구분하고 일을 하는지, 경/중을 구분하고 있는지, 선/후를 잘 구분하고 있는지, 완급 조절을 잘하고 있는지에 대한 대화를 나누면 좋습니다.

두 번째는 Reality 단계입니다. 바로 전 단계에 설정한 목표에 대해 물어보았으니 그다음은 목표 대비 진도율이 궁금할 것입니다. 이 단계에서 리더는 다음 그림과 같은 역할과 질문을 합니다.

특히, 이 단계에서는 진행 과정상의 문제점, 애로사항 등을 제대로 확인해볼 수 있습니다. 대부분 문제점, 애로사항이 없는 경우는 드물 것입니다. 리더는 문제점에 대해 구성원들이 어떻게 인식하고 있는지 확인해볼 수 있습니다. 일을 정말 잘해서 문제점이 없는 구성원도 있을 것이고, 연초에 목표 설정이 잘못되어 목표

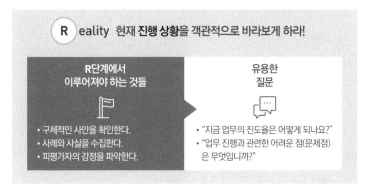

물량을 적게 받아 문제가 없는 경우도 있을 것입니다. 가장 문제는 리더가 볼 때는 문제점이 분명 보이는데, 구성원은 문제가 없다고 하는 경우입니다. 즉 자기 자신을 객관적으로 바라보는 능력이 부족한 경우입니다.

주변의 조언과 피드백에 대해 부정하고 부인하는 '자기 조망 수용장애'에 걸려 있는 경우입니다. 이러한 상태가 매년 반복된다면 리더 입장에서는 말이 안 통하고, 설득/납득이 안 될 것이기 때문에 정말 곤혹스러울 것입니다.

다음으로는 문제점은 제대로 인식하고 있는데, 딱 거기까지 문제해결의 대안에 대한 고민이 없는 경우입니다. 본인이 스스로 해결할 만한 것도 '모른다', '안 된다'라며 리더에게 건건이 '알려달라, 가르쳐달라, 대신해달라'고 하는 경우입니다. 마지막으로는 문제점도 제대로 인식할 뿐만 아니라, 문제해결을 위한 대안까지 마련하고 있는 경우입니다. 리더 입장에서는 더 이상 바랄 것 없는 이상적인 상황일 것입니다.

세 번째는 Option 단계입니다. 현재의 진도율과 진도가 정상적으로 나아가지 못하는 문제점에 대해 물어본 다음, 문제해결을 위한 대안을 확인하기 위한 질문을 합니다.

〈 GROW 면담 코칭 모델 : Option 단계의 활동과 질문들 〉

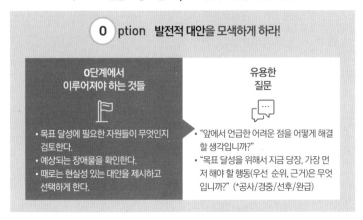

문제점 및 애로사항에 굴하지 않고, 극복하기 위해 어떤 노력을 기울이고 있으며, 문제의 근본적 해결을 위해 얼마나 창의적인 대안을 마련했는지를 리더는 확인합니다. 마찬가지로 해결 대안이

여러 가지일 수 있습니다. 이럴 때도 역시 어떤 대안을 먼저 시도할지의 우선순위를 확인합니다. Reality 단계와 마찬가지로 공사/경중/선후/완급 등의 기준 근거에 대해 질문을 하고 듣고 확인합니다.

네 번째는 Will 단계입니다. 면담 코칭을 클로징하는 단계입니다. 리더는 구성원에게 묻습니다. "자신이 더 지원해주어야 할 사항이 있는가?", "추가로 필요한 것이 있는가?" 리더는 이렇게 물어도, 실제 구성원이 '없다'고 해주면 좋아할 것입니다. 그래야 골치 아픈 일이 없을 테니까요? 하지만 이렇게 생각해볼 수도 있습니다. '왜 없다고 할까? 좋은 기회일 수도 있는데….'

〈 GROW 면담 코칭 모델 : Will 단계의 활동과 질문들 〉

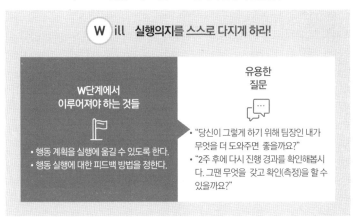

이런 경우 필자는 두 가지 상황이라고 생각합니다. 첫째, 리더와의 이 면담의 시간도 부담스럽고, 리더도 싫어서 빨리 끝내고 싶은 것입니다. 그래서 없다고 하는 것입니다. 둘째, 그렇지는 않은데, 자기 일의 완성도에 대한 열정과 고민이 부족한 것입니다. 자기 일의 완성도를 높이기 위해서는 사람도, 예산도 필요할 것입니다. 하지만 그럴 필요를 느끼지 못하는 것입니다.

예능 프로그램에 출연한 전 농구 선수이자 감독인 허재를 보았습니다. ○○농구단의 구단주가 된 허재는 구단주의 자격으로 외국인 용병 선수들을 불러 고기를 사주고 있었습니다. 식사를 하던 중 허재 구단주는 통역을 통해 외국인 선수들에게 질문합니다. "구단주나 감독에게 필요한 것이 뭐가 있는지 말해봐라." 의외로 한국화가 빨리 되었는지 외국인 용병들은 없다고 합니다. 속 편하고 머리도 덜 아플 수 있는 상황인데, 허재 구단주는 이렇게 말합니다. "필요한 것이 없다는 것은 아무 생각이 없다는 말이다." 전적으로 동의합니다. 제 얘기가 바로 이것입니다.

이러한 소통과 점검, 성장을 위한 면담 코칭은 한 주기에 한두 번으로 끝나서는 안 됩니다. 정말 수시로 자주 해야 합니다. 그러므로 2주 뒤에 다시 보자고 합니다. 그리고 2주 뒤에는 어떤 주제로 얘기하면 좋을지를 미리 논의하고 결정합니다. 여기까지가 GROW 면담 코칭 모델의 각 단계별 활동과 질문들입니다. 하지만 이러한 GROW 면담 코칭을 진행할 때에도 몇 가지 유의할 사항이 있습니다.

첫째, 리더가 주도하면서도, 구성원이 말을 많이 하게 해야 합니다. 그러기 위해 폐쇄형 질문이 아닌 'How'로 묻는 개방형 질문법을 사용합니다. 리더는 How로 질문을 하고, 구성원은 그에 대한 답변을 궁리하면서 Goal과 Reality를 다시금 머릿속에 새길 것이며, 자신의 언어로 Option과 Will에 관해 얘기하면서 실행을 위한 솔루션과 실행 의지를 스스로 다질 것입니다.

둘째, 리더들은 유용한 질문 예시를 그대로 읽지 말아야 합니다. 질문 예시를 있는 그대로 또박또박 책 읽듯이 하는 것이 아니라, 평소 말하는 것처럼 자연스럽게 질문을 해야 합니다. 자신의 언어 스타일에 위 질문 예시를 잘 풀고, 녹여서 말하듯이 질문을 던져야 합니다.

셋째, 기본적으로는 G → R → O → W 순으로 면담을 진행해나가되, 꼭 이 순서를 지킬 필요는 없습니다. 너무 지나치게 배운 그대로 기계적으로 G → R → O → W의 순서를 지키기보다는 상황에 따라 자연스럽게 이 순서들을 바꾸어도 무방합니다. R(Reality)-현재의 성과 추진 상황을 먼저 확인하고, G(Goal)-구체적인 성과 목표'를 거꾸로 확인해보아도 전혀 문제없습니다. 다만, 리더-구성원 간 면담은 '라포(Rapport, 친밀감 형성을 위한 날씨, 식사, 건강, 자녀 교육 등에 대한 얘기) 형성 단계'의 사적인 얘기를 제외하고는 기본적으로는 공적인 얘기를 주고받아야 하는 공적인 시간입니다. 공적인 시간, 공적인 면담이기에 뭐가 되었건 간에 순서와 상관없이 리더와 구성원은 일에 대한 얘기를 하게 될 것입니다. 목표와 현재의 진도, 실적 추진에 어려운 점이 있다면 문제해결을 위한 대안에 대해 순서와 상관없이 얘기를 나누기를 바랍니다.

넷째, 마치 리더가 대단히 높은 존재라도 되는 것처럼 권위적인 질문, 추상적인 모호한 질문을 던져서는 안 됩니다.

코칭의 기본 전제와 철학은 "상대방이 문제해결의 잠재능력과 해답을 갖고 있을 것이다"였습니다. 앞서 GROW 면담 코칭의 단계별 내용에 대한 설명했지만, 조금 더 질문의 중요성과 필요성에 초점을 맞추어 예시를 통해 보충 설명하고자 합니다. 면담 시간의 90% 이상을 경청에 배분하고, 상대방의 말을 더 많이 듣기 위해, 리더는 주로 질문을 통해 상대방의 생각을 자극하고, 고민을 더

하게 합니다. 그리고 상대방의 생각과 고민을 더 풍부하게 하는 적합하고 적절한 피드백을 해줍니다.

필자는 몇 년 전부터 정신건강의학과 진료를 받고 있습니다. 제 치부일 수 있어서 조금은 망설였지만, 면담 코칭에 대한 적절한 예시가 될 것 같다는 판단하에 공개하고자 합니다. 심한 증세는 아니었지만, 이전부터 공황장애의 징후가 있어 한의원도 다니고, 스스로의 힘으로 고치려고 노력도 하면서 몇 년을 보내다가 결국에는 피하려고 했던 선택인 정신건강의학과 진료를 받기 시작한 것입니다. 지금도 3~4주 간격으로 20~30분 의사 선생님께 상담 치료를 받고, 관련된 약물 처방을 받습니다. 그렇게 진료를 받아오다가, 최근에 깨달은 것이 있었습니다. 제가 진료를 받고, 상담받고 있는 '이 의사 선생님이야말로 코치이구나', '내가 지금 코칭을 받고 있구나.'

20~30분 동안의 의사 선생님과의 상담 시간 동안, 초진을 제외하고는 많은 분의 기대와 예상과는 다르게 의사 선생님께서 저에게 본인이 아는 관련된 의학 지식과 정보를 전달해주지 않습니다. 그럼, 의사 선생님은 30분 동안 제게 무슨 얘기를 할까요? 정답은 '질문'입니다. 제게 주로 질문을 합니다. 그리고 저는 그 질문에 대한 답변을 합니다.

매번 동일하지는 않지만 주로 첫 질문은 "그동안 어떻게 지내셨어요?"입니다. 그럼, 제가 지난 3주간 제 정신건강에 어떠한 일들이 있었는지 말씀드립니다. 실제로 답변하기 위해 저는 메모/기록을 해가기도 합니다. 그리고 제 얘기에 따른 의사 선생님의 부연 말씀을 듣습니다. 이것을 피드백이라고 간주해도 될 것입니다.

그리고 그다음 질문을 듣습니다. 두 번째는 '잠'에 대한 질문입니다. "요즘 잠은 잘 주무세요?"라고 묻습니다. 몇 시에 잠을 청하며, 몇 분 정도 후에 잠이 드는지, 또 몇 시에 일어나는지 등 수면의 질에 대해 묻습니다. 제가 초진 때 들었던 얘기인데, 공황장애에 안 좋은 것이 3가지가 있다고 합니다. '술', '잠 못 자는 것', 그리고 '과로/스트레스'. 술은 원래도 좋아하지 않고, 잘 못 하는지라 곧바로 끊었습니다. 지금은 두세 달에 맥주 한두 잔 하는 정도입니다. 그리고 잠은 어떻게든지 잠을 잘 자려고 노력 중입니다. 그래서 두 번째 질문이 잠에 대한 것이라고 저는 추정하고 있습니다. 그리고 거의 마지막 세 번째 질문이 돌아옵니다.

세 번째 질문은 바로 위에서 잠시 언급했던 과로와 스트레스에 대한 것입니다. "요즘 일은 얼마나 많으며, 그 일에 따른 스트레스는 어떻게 관리하고 있습니까?"라고 묻습니다. 그럼, 저 역시 '술'과 '잠'을 제외하고 제가 관리할 수 있는 수단은 일에 따른 스트레스 관리이기 때문에, 일은 줄일 수 없더라도 일에 따른 스트레스를 줄이기 위해 여러 다양한 방식으로 노력했던 것에 대해 말씀을 드립니다. "A 스타일로 일을 했더니 효과가 별로였고, B 스타일은 아직 잘 모르겠고, C 스타일로 일을 했더니 스트레스도 잘 관리되고, 컨디션 조절도 잘되는 것 같았습니다."

GROW 면담 코칭도 마찬가지입니다. Goal 단계에서 연초에 설정한 구성원의 목표에 대해 리더도 잘 알고 있고 당사자인 구성원도 스스로 잘 알고 있지만, 구성원이 얼마나 구체적으로 잘 인지하고 있는지에 대해 리더가 질문을 던지고, 구성원이 한 번 더 진술하는 것입니다. 둘 다 잘 알고 있지만, 한 번 더 구체적으로 정확히 인식시키는 것입니다.

Reality 단계도 마찬가지입니다. 현재의 진도에 대해 리더와 구성원 둘 다 잘 알고 있습니다. 하지만 한 번 더 질문을 통해 구성원이 현재의 진도와 문제점에 대해 얼마나 객관적으로 잘 인식하고 있는지 확인하는 것입니다. Option 단계 역시, 제대로 된 보통 수준 이상의 구성원이라고 하면 분명 면담 코칭 이전에 스스로의 의지를 갖고 문제해결을 위한 여러 대안을 고민해보고 테스트해보았을 것이기 때문에 이것을 확인하려고 하는 것입니다. 구성원이 어디까지 고민해보고 어느 수준까지 준비하고 있는지에 대해 질문을 통해 확인해보는 것입니다.

정신건강의학과 선생님과 상담하고 있는 저 역시도 마찬가지입니다. 의사 선생님이 저에게 직접적 솔루션을 제시하는 것이 아니라, 의사 선생님은 제가 실제 생활 속에서 정신건강 회복을 위한 여러 대안을 스스로 테스트해보고 검증하도록 환경을 만들고, 그 검증 내용에 대해 질문을 통해 확인하려고 하는 것입니다. 저 역시 어느 순간 여러 차례의 상담을 통해 이 시간은 의사 선생님의 답을 얻기보다는 제가 고안해낸 대안과 그 검증 결과에 대해 확인받는(confirm) 시간이라고 생각하게 되었습니다. 그리고 확인받는 대로 제 확신을 강화해 C 스타일로 제 일과 스트레스를 본격적으로 관리해보는 것입니다.

즉 **면담 코칭이든 정신과 상담이든 모든 문제해결을 위한 잠재능력과 문제의 해답은 상대방이 갖고 있기 때문에, 리더와 의사 선생님의 역할은 이러한 사실을 질문을 통해 깨닫게 하고, 스스로 문제를 해결할 수 있도록 의지를 강화하고 지원하는 것입니다.** 그 누구도 스스로 나서서 문제를 대신 해결해주지 않습니다. 어차피 내 문제이기에 내가 스스로 해결해야 합니다.

아울러 저는 이제 의사 선생님께 "C 스타일로 일과 스트레스를 관리했더니 효과가 있는 것 같다"라고 하면서 의사 선생님 눈치를 슬쩍 보기도 합니다. 의사 선생님의 표정이 밝아지고, 눈이 동그랗게 커지면 '아, 이 스타일을 의사 선생님도 괜찮다고 생각하시는구나'라고 여기며 제가 고안해낸 스타일에 더 확신이 생깁니다. 때로는 제가 생각한 아이디어가 의사 선생님 입장에서도 정말 좋다고 생각하셨는지 열심히 기록할 때도 있습니다. 아마도 다른 환자에게도 적용/공유하려는지도 모르겠습니다.

리더 역시 이렇게 구성원과의 면담 경험이 쌓이면, A 구성원에게 들은 정말 좋은 A Option을 B 구성원에게 공유하고, B 구성원이 A Option를 발전시켜 B라는 Option을 새롭게 만들었다면 이 B Option을 C 구성원에게 소개할 수 있을 것입니다. 이렇게 이모든 경험이 시간이 흘러 누적되면, 정말 면담 코칭을 유연하게 잘 리딩하는 리더가 되어 있을 것입니다.

리더는 90%의 시간을 경청에 투입하고, 굳이 피드백까지 안 가더라도 구성원이 고안해낸 여러 대안 중에 어떤 대안이 더 적절한지를 보는 눈만 갖고 있어도 됩니다. 적절한 대안에 대해 수긍해주고 확신을 강화시켜, 구성원의 믿음대로 일을 자신 있게 추진할 수 있도록 상황을 만들어주면 됩니다. 코칭은 대단한 그 무엇이 아닙니다. 다른 사람이 자신의 문제를 스스로 해결할 수 있도록 돕는 행위, 그것이 코칭입니다.

🗨️ 질문의 연습 : GROW 면담 코칭 연습 양식

　다음은 GROW 면담 코칭을 위한 연습 양식이자 실제 면담을
할 때 사용할 수 있는 양식입니다. 특정 구성원을 머리에 떠올려
보십시오. 그리고 그 구성원의 어떤 프로젝트를 점검할지를 결정
합니다. 다음으로는 그 프로젝트에 맞게 각 단계별로 어떤 질문을
할지 리더 자신의 평소 말하는 스타일에 맞추어 멘트를 만들어봅
니다. 다음의 양식에 한번 작성해보기 바랍니다.

〈 GROW 면담 코칭 연습 양식 〉

프로젝트명		
구 분	면담 前 계획	면담 中 기록 (→ 평가 근거로 축적)
Rapport 형성		
Goal - 목표 인지		
Reality - 상황 파악		
Option - 대안 마련		
Will - 의지 확인		

　물론, G-R-O-W로 들어가기에 앞서 Rapport(라포), 친밀감을

형성하는 Small Talk도 준비하기 바랍니다. 오늘 날씨, 점심 식사는 했는지, 어제 본 축구 경기 얘기 등 리더와 구성원이 공감할 만한 가벼운 얘기부터 시작하기 바랍니다.

위 양식 우측의 '면담 중 기록사항'에는 말 그대로 면담 중에 구성원이 일의 완성도를 위해, 얼마나 도전적이고 혁신적인 시도와 노력을 했는지에 대해 구성원의 말을 듣고, 평상시 행동을 관찰해 기록합니다. 이 모든 기록은 누적되어 성과평가를 위한 자료도 됩니다.

💬 Initiatives의 Plussing : KPTA 기법

하지만 Objectives-Key Results-Initiatives의 실행 단계에서는 다른 것들보다는 Initiatives에 보다 더 초점을 맞추어 점검하고 확인해 플러싱(Plussing)할 필요도 있습니다. 매주 단위 어떠한 일들이 진행되고 있는지에 대해 다음 양식으로 기록하게 하고, 주 단위 면담을 통해 리더는 관리합니다.

(Keep, 진행 중인 Initiatives) → (Problem, 문제점/애로사항) → (Try, Key Results 달성을 위해 추가적으로 시도했던 Initiatives) → (Action, 다음 주에 실시할 Initiatives) 순으로 리더는 구성원이 기록한 내용을 구성원과 함께 살피며 피드백을 줍니다.

〈 KPTA 기법 : Initiatives 수시 점검 및 Plussing 양식 〉

Keep (진행 중인 Initiatives)		Try (시도했던 사항)	Action (향후 조치사항)
Problem (문제점)			

출처 : 아마노 마사루, 《OKR 실천편》, 원본의 내용을 필자가 수정

다만, 이러한 보고서 양식 등이 많아지고, 연동하여 리더의 관리 활동도 많아지면 구성원에게는 이 모든 것이 숙제로 인식될 수 있습니다. 자발성을 잃고 시키는 것만 하게 될 수도 있습니다. 모든 것이 과유불급(過猶不及)입니다. 관리 활동을 최소화해야 구성원들의 자발성이 살아납니다. 이러한 양식과 리더의 관리 활동을 최소화할수록 OKR은 역설적으로 살아날 것입니다. 때문에 필자는 여타의 OKR 관련 도서와 컨설팅 회사에서 OKR을 제도와 시스템으로 접근하며 수많은 양식과 툴(Tool)을 제공하는 것에 정말 커다란 회의를 갖고 있습니다.

사용하기 쉬운 양식과 툴을 많이 뿌려주면 줄수록 OKR은 성공할 것 같지만, 그 반대일 것입니다. 고객사인 기업의 담당자들이 원해서, 그리고 그들의 불안한 마음을 줄여주기 위해 안심하라고 많

은 양식과 툴을 제공할 뿐입니다. 관료주의는 OKR의 적입니다. 이렇게 수많은 양식을 Top-down으로 뿌리고, 맨 아래에서부터 작성하게 해 위로 위로 올리는 Bottom-up의 취합 방식은 관료주의의 전형적인 일하는 모습입니다.

수많은 양식을 뿌려줄 시간에 구성원의 신뢰를 받도록 노력해야 하며, 또 동시에 구성원과 그들의 자발성에 대해 리더의 신뢰와 지지를 표현해야 합니다. 이런 활동들이 쌓이고 쌓여야 심리적 안전감이 구축될 것이며, 이에 구성원들은 자발적으로 그들이 하고 싶은 OKR에 대한 얘기를 꺼내놓기 시작할 것입니다. 참여가 많아지고, 몰입이 높아지고 헌신이 나타날 것입니다. 어떤 책에는 주 단위 점검은 몇 회, 몇 분, 월 단위 점검은 몇 회, 몇 분 하면서 알쏭달쏭한 서로 다른 양식을 제공하는데, 이렇게 면담 횟수, 시간, 양식을 정하는 것 자체가 관료주의적 방식으로 일하는 것입니다. 진정성 있는 허심탄회한 커뮤니케이션을 최대한 수시로, 서로가 합의 (consensus)가 될 때까지 무한대로 할 수도 있다는 각오를 갖고 리더는 OKR을 운용해야 합니다.

💬 피드백의 방법 : SBIE 모델

이제부터는 100 중의 나머지 5%에 해당하는 피드백하는 방법

에 대한 소개입니다. 리더는 그냥 듣기만 잘하는 사람이 아니고, 들으면서 결정적 모멘텀을 포착해 본인이 갖고 있는 업무 노하우, 업무 경험, 혁신적인 아이디어 등을 공유해주는 역할도 해야 합니다. 구성원의 일에 도움이 되는, Plussing이 되는 피드백을 해주어야 합니다.

SBIE 모델입니다. 물론, 피드백 모델은 SBIE 모델 외에도 정말 다양한 모델들이 존재합니다. BEE 모델은 Behavior ➜ Effect ➜ Expectation 순서로 피드백을 하라는 것입니다. FTA 모델은 Feelings ➜ Thought ➜ Action 순으로 피드백을 하라는 것입니다. FFT 모델은 피드백을 받아들일 만한 사람에게 Fit ➜ 문제 행동에만 초점 Focus ➜ 시기를 놓치지 말고 그 즉시 Timing으로 피드백을 하라고 합니다.

다음의 그림에서 소개하는 **SBIE 모델은 BEE 모델과 유사한 것으로, 구성원이 일을 했던 상황 Situation ➜ 구성원의 구체적 행동 Behavior ➜ 그 행동의 구체적 결과 Impact ➜ 리더가 기대하는 성과 개선 행동 Expectation 순으로 피드백을 주는 것입니다.**

SBIE 모델의 구조

S(Situation, 상황)	B(Behavior, 행동)	I(Impact, 영향)	E(Expectation, 기대)
상황을 포착한다.	행동을 설명한다.	그 행동이 끼친 영향을 전달한다.	강화할 행동 (지지적 피드백)은 칭찬/격려/지지, 개선할 행동(교정적 피드백)은 기대사항을 명확히 설명한다.

* Expectation은 아래와 같이 구분하여 구체적으로 전달

더 해야 할 행동(Do more)	더 적게 해야 할 행동(Do less)
유지할 행동(Keep doing this)	이 모든 것들을 위해 준비할 사항(Be prepare to do these)

SBIE 모델 사례(예시)

	S(Situation, 상황)	B(Behavior, 행동)	I(Impact, 영향)	E(Expectation, 기대)
지지적 피드백	조금 전 클라이언트와의 미팅에서,	당신은 클라이언트의 의견을 경청하면서 우리 부서 아이디어를 명확하고 설득력 있게 전달했습니다.	미팅이 끝난 후, 클라이언트가 나에게 우리 부서가 자신의 니즈를 잘 이해하고 있으며 향후 진행이 기대된다고 이야기를 했습니다.	앞으로도 지금처럼 클라이언트의 니즈를 정확하게 파악하기 위해서 경청해주고, 필요한 이야기는 분명하게 밝혀주세요.
교정적 피드백	어제 파트회의에서 우리가 프로젝트 진행 상황을 논의하고 있을 때,	당신은 A가 자신의 아이디어를 설명하는 것을 갑자기 중단시킨 후, 당신이 생각하는 A의 아이디어에 대한 문제점을 강하게 이야기했습니다.	그 결과, 미팅 자리가 어색해지고, 동료들이 더 이상 프로젝트에 대해 논의하지 않게 되었습니다.	나는 파트 동료가 자신의 아이디어를 이야기할 때, 당신이 좀 더 인내심을 가지고 경청하기를 바랍니다.

아마도 리더들의 지금까지의 피드백은 Situation/Behavior/Impact/Expectation 단계별로 구분해서 구성원들에게 전달하는 것이 아니라, Situation/Behavior/Impact는 생략하고, 맨 끝단의

리더의 기대사항 Expectation만을 전달하는 것이었을 것입니다. 이렇게 맨 끝단의 리더의 기대사항만을 전달하게 된 데에는 3가지 원인이 있습니다.

그 첫 번째 원인은 평소 그때그때 구성원의 일하는 모습과 상황을 관찰하고 기록해두었다가 그 즉시 피드백을 전달하는 것이 아니라, 쌓아두고 누적시켰다가 한꺼번에 전달하려고 하니 아무리 관찰/기록을 잘해두었다고 하더라도 시간의 경과에 의해 구체적 상황과 행동이 망각되었기 때문입니다. 때문에 피드백은 불편하더라도 쌓아두지 말고 그때그때 즉각적으로 이루어져야 합니다.

두 번째 원인은 평소 구성원의 일하는 모습과 상황에 대해 실제로 관찰/기록한 것이 없어서, 앞단에 대해 해줄 말이 없기 때문입니다. 그렇다 보니 맨 끝단의 리더의 기대사항에 대해서만 막연하고 모호하게 전달할 수밖에 없는 것입니다.

마지막 세 번째 원인은 앞단의 세 단계를 불필요하게 판단하기 때문입니다. "세 살 먹은 아이들도 아니고 초등학생, 중학생들도 아닌데, 뭐 그렇게까지 시시콜콜하게 전달해야 해?", "어떻게 일했는지는 자기들이 제일 잘 알 텐데…" 물론, 리더들의 생각처럼 그럴 수도 있습니다. 하지만 리더가 생각하는 것만큼 100% 다 완벽하게 알지는 못할 것입니다. 소통을 100%에 가깝게 완벽하게 하기 위해, 구성원이 미처 모르고 있거나 깨닫지 못한 부분에 대해 인식할 수 있도록 리더가 도와주어야 합니다. 또한, 요즘 젊은 세대들은 학창 시절부터 서양식 교육을 받아서 그런지 분석적 사고를 하면서, 동시에 저맥락의 소통 방식을 사용합니다.

때문에 Situation/Behavior/Impact/Expectation 단계별로 각각 나누어 명확하게 피드백을 전달해야 합니다. 과거 세대와는 다르게 이젠 정말 말하지 않으면 모르는 것이 당연하다고 생각해야 합니다. 오늘 이 시간 이후 리더들은 맨 끝단의 리더의 기대사항 외에도 앞단의 Situation/Behavior/Impact 단계까지 전달하는 연습을 충분히 하기 바랍니다.

💬 질문의 연습 : SBIE 피드백 연습 양식

다음 그림(168쪽)과 같은 SBIE 피드백 연습 양식에 단계별 관찰 내용을 기록해보면서 꾸준히 반복 연습을 하기 바랍니다. 평소의 소통 방식이 한 번에 바뀌지는 않을 것입니다. 하지만 반복 연습을 통해 숙달시키기 바랍니다. 그래야 바뀐 소통 방식, 피드백 방식에 의해 구성원들의 성과 개선을 도울 수 있을 것이며, 구성원들이 지금 이상의 성과창출을 해야만 리더인 나의 성과평가도 아울러 좋아지기 때문입니다.

〈 SBIE 피드백 연습 양식 〉

SBIE 모델의 구조

S(Situation,상황)	B(Behavior, 행동)	I(Impact, 영향)	E(Expectation, 기대)
상황을 포착한다.	행동을 설명한다.	그 행동이 끼친 영향을 전달한다.	강화할 행동 (지지적 피드백)은 칭찬/격려/지지, 개선할 행동(교정적 피드백)은 기대사항을 명확히 설명한다.

SBIE 피드백 작성(연습)

	S(Situation)	B(Behavior)	I(Impact)	E(Expectation)
지지적 피드백				
교정적 피드백				

10

⑤ 자기 성장과 조직 기여 부분을 확인하게 하라! : 성장 확인 – 본인 노력의 과정에 대한 서사(敍事, Narrative)를 자각하게 하자

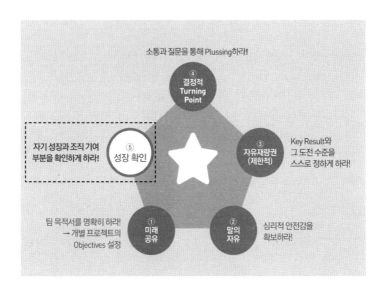

💬 OKR의 평가는 이렇게 : 양방향 질문 6가지

서사는 스토리와 다릅니다. 스토리는 자초지종, 기승전결의 이야기입니다. 반면에 '서사'는 서술자가 어떤 사건의 전개 과정을 개연성 있게 전달하는 양식이며, 대개 갈등을 중심으로 전개되며, 이미 발생한 사건을 서술하기 때문에 기본적으로 과거형 시제를 취합니다. 오늘날 서사의 가장 대표적인 양식은 소설입니다.

워라밸은 일과 삶의 균형을 잘 유지하라는 것이지, 일의 영역과 삶의 영역을 완전히 분리하라는 것은 아닙니다. 이 세상에 태어나 그 방법은 다양하겠지만 일하지 않는 사람은 없습니다. 경영자는 경영자대로 노동자는 노동자대로, 자영업자는 자영업자대로, 전업주부는 주부대로 모두 다 일을 하고 있습니다. 그렇기 때문에 우리 인생에서 있어 일의 영역은 삶과 떼어놓을 수 없으며, 가장 큰 비중을 차지하기도 합니다.

우리는 평생 살면서 육체적으로도 성장하려고 하고, 정신적으로도 성장하려고 합니다. 우리는 성장의 의지를 의식적/무의식적으로 갖고 있습니다. 삶이 존재하는 한 우리는 성장하고 성취하며 발전하고자 합니다. 그리고 인생에 있어서 일의 영역 비중이 크기 때문에, 우리는 대부분 성장을 일을 통해, 그리고 직장생활을 통해 이루게 됩니다.

구성원은 그냥 일하는 것이 아니고, 중장기적으로 자기 인생과 결부해 자기가 현재 속한 조직 속에서 조직에 어떠한 기여를 하면서 개인적으로도 어떻게 성장하고 싶은지에 대한 고민과 생각을 하고 있어야 합니다. 단기적으로는 OKR 단위 프로젝트를 수행하면서 조직에의 기여와 개인적 성장을 위해 어떤 노력을 투입했는지, 어떤 준비의 과정을 거쳤는지에 대한 설명을 할 수 있어야 합니다. 이것이 스토리가 아닌 서사입니다. 구성원 자신이 조직과 일, 삶을 위해 어떤 계기로 어떤 고민을 하게 되었고, 그 고민의 결과 또 어떤 목적과 목표를 설정하게 되었으며, 설정된 목적과 목표를 이루기 위한 구체적 실행 계획은 왜 그렇게 수립하게 되었는지, 계획의 실행 과정에서 있었던 일들, 일의 결과는 어떠했는지에 대해 마치 자기 자신에 대한 소설을 쓰듯 서사적으로 기록하고 설명할 수 있어야 합니다.

아울러 구성원은 리더가 구성원 자신의 서사에 대해 적절한 관여를 하고, 지지하고 지원하고 자각을 끌어내 주기를 바랍니다. 이런 역할을 하는 리더에게 구성원은 강한 결속력을 느끼고, 믿고 신뢰하고 따르고자 할 것입니다. 물론, 자신의 사적인(private) 영역에 대한 리더의 관심을 간섭이라 생각하고, 사생활 침해라고 여기는 구성원 역시 있을 것입니다. 구성원의 개인적 특성을 감안해야 하며, 궁극적으로는 적절한 관여와 지나친 간섭 사이의 균형점을 잘 찾아야 합니다. 이것 또한 리더의 능력입니다.

Objectives와 Key Results를 수립한 이후의 실행 촉진 과정 중에는 주로 GROW 면담 코칭을 통해, 그리고 OKR 프로젝트를 마무리하는 평가의 단계에서는 양방향 질문 6가지를 통해 리더는 구성원이 어떠한 서사의 내용을 갖고 일을 하고, 또 어떠한 결과를 이루어냈는지를 묻고, 듣고 확인해야 합니다. 구성원이 충분히 고민하고 이루어낸 사실이지만 미처 깨닫지 못하고 있는 부분이 있다면 좋은 질문을 통해 자각을 끌어내야 합니다. 이것이 OKR 실행 단계와 평가 단계에서의 리더의 가장 중요한 역할입니다. 리더는 실무자처럼 직접 일하는 사람이 아닙니다. 리더는 실무자인 구성원들이 일을 잘할 수 있도록 영향력 행사를 하고, 동기부여를 하고, 지지하고 지원하며 최종적으로는 일의 결과와 성과의 내용을 확인하는 사람입니다. 일의 결과와 성과의 내용을 확인함과 동시에 구성원에게 자각하게 하고 인지시키는 사람입니다.

다음은 리더가 어떻게 구성원이 어떠한 서사의 내용을 갖고 일을 하고, 또 어떠한 결과를 이루어냈는지를 묻고, 듣고 확인할 수 있는 대화법의 내용입니다. 양방향 질문 6가지의 내용입니다. 평가 단계에서의 이 대화법은 정량평가보다는 질(quality)을 측정하는 정성평가 시에 더 유용하게 사용될 것입니다.

〈 OKR의 평가 : 양방향 질문 6가지 〉

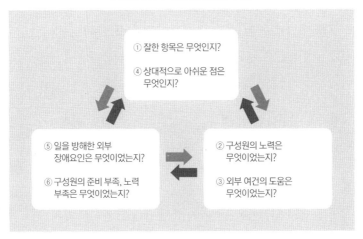

구성원 본인이 OKR 한 주기에 성취해낸 성과 또는 업적 결과를 리더가 정성적으로 평가하는 방법입니다. 특히 리더인 나의 구성원에 대한 관찰/기록이 부족할 때 사용하는 방법입니다. **구성원 스스로 자신의 실적에 대해 말하게 하고, 스스로 그 실적의 결과를 인정하게 하는 방법을 다음에 소개합니다.** 양방향 질문 6가지를 활용해 구성원에게 업적 결과에 대한 질문을 하고 답변을 듣습니다.

첫째, OKR 한 주기를 되돌아보며 다른 주기와 비교해봤을 때, 다른 동료와 비교해봤을 때, 그리고 본인이 스스로 생각하기에 정말 잘한 업적이 무엇인지 물어봅니다. 3~5가지 정도를 그 내용과 함께 간단하게 A4 용지 한두 장에 적어오라고 해도 좋겠습니다.

둘째, 적어온 3~5가지 중에 자신의 당초 계획대로 된 것이나 자신의 노력대로 된 것이 몇 가지나 있는지 물어봅니다. 구성원이 자신의 어떤 노력과 행동이 투입되어 어떤 결과를 이루어냈는지를 설명하지 못한다면 이 결과는 구성원의 노력 없이 어쩌다가 외부환경의 도움을 받은 경우일 수 있습니다. 더 구체적으로 확인해야 합니다.

셋째, 동시에 적어온 3~5가지 중에 반대로, 자신의 계획 및 노력과 상관없이 외부환경의 도움(행운 포함)으로 잘한 것이 몇 가지인지 물어봅니다.

실제 여기까지는 긍정의 질문들이었습니다. 하지만 이제부터 하게 될 부정의 질문 3가지가 더 핵심적인 질문들입니다.

넷째, OKR 한 주기를 되돌아보며 다른 주기와 비교해봤을 때, 다른 동료와 비교해봤을 때, 그리고 본인이 스스로 생각하기에 잘못한 업적이 무엇무엇인지 물어봅니다. 마찬가지로 3~5가지 정도를 그 내용과 함께 간단하게 A4 용지 한두 장에 적어오라고 합니다. 하지만 잘한 업적 3~5가지를 적어오라고 한 것에 비해, 바보가 아닌 이상 호락호락하게 리더가 시키는 대로 잘못한 것을 적어 오는 구성원은 아마도 거의 없을 것입니다. 이럴 때는 말의 기술 이 필요합니다. 말을 좀 바꾸어 잘못한 것이 아니라, 잘한 것에 비 해 상대적으로 아쉬운 것 3~5가지를 적어오라고 하는 것입니다. "그래, 잘못한 것이 없다고 하지만, 잘한 것 3~5가지와 비교해 그 래도 상대적으로 부족하고 아쉬운 것은 있을 것 아닌가? 그걸 적 어오면 되겠어. 그 정도는 있겠지?"

공채 면접 시에도 지원자 자신의 성격의 장점과 단점을 말해보 라는 질문을 하는 면접관이 있습니다. 이에, 장점 외에 단점에 대 해 지원자 상당수는 '자신은 너무 성격이 급해 일을 너무 빨리빨 리 처리하는 것이 단점'이라는 정답은 아니지만 현답을 말합니다. 기업 교육 현장에서는 강의가 종료되면 강사의 강의에 대한 평가 설문을 학습자들을 대상으로 받습니다.

객관식 질문은 리커트 5점 척도에 의해 1, 2, 3, 4, 5점으로 정 량화해 평가 점수를 내고, 주관식 질문은 일반적으로 "11번. 강사 의 강의 내용 중 가장 인상 깊었던 것은?", "12번. 강사의 강의 내 용 중 상대적으로 아쉬웠던 것은?", "13번. 기타 본 과정 및 인재 개발원에 건의할 사항은?"과 같은 것들이 있습니다.

그런데 12번 질문을 11번 질문과 대비해 비교해보면, 실제 12

번 질문은 "강사의 강의 내용 중 잘못된 것은?" 또는 "강사가 잘못한 것은?"과 같은 내용이어야 합니다. 하지만 표현을 조금 바꾸어 강사의 강의 내용 중 상대적으로 아쉬웠던 사항에 대해 물어보고 있습니다. 아마도 만일 상대적으로 아쉬웠던 사항에 대해서 물어보지 않고 강사가 잘못한 것에 대해 물어보았다면, 상대적으로 여전히 고운(?) 심성을 갖고 있는 대한민국의 학습자들은 직설적으로 내용을 써내는 것에 부담을 느껴 빈칸으로 남기고 내는 것이 쉬웠을 것입니다.

정말 강사가 문제가 많았던 경우를 제외하고는 '사회적 바람직성'에 의거 긍정적인 것이 아닌 부정적인 것을 굳이 활자화해 기록으로 남기는 것에 부담을 느낄 것입니다. 강사와 척을 지지도 않았는데, '이래야 하는데 저랬다'와 같이 거친 표현을 굳이 쓰지는 않을 것입니다. "이거 내가 잘못 얘기해서 강사 잘리는 거 아냐. 그럴 필요까지는 없는데." 이런저런 사유로 인해 대부분이 설문 문항을 빈칸으로 남겨 둔다면, 교육을 기획하고 개발하고 운영하는 교육담당자 입장에서는 뭐라도 개선사항을 발굴해 교육과정을 발전시켜야 하는데 그러지 못할 수도 있는 것입니다. 그래서 학습자들로부터 보다 다양한 개선 의견을 듣고자, 설문 문항의 질문 표현을 조금 바꾸게 된 것입니다.

답변을 하는 상대방의 부담을 줄여주고자, 의견을 쉽게 구하고자 잘못한 것이 아닌 상대적으로 아쉬운 사항에 대해 말을 해달라고 하는 것입니다. 표현을 조금 바꾸었을 뿐인데도 이 차이는 정말 큽니다. 거의 빈칸으로 내던 학습자들은 잘못한 것이 아닌 상대적으로 아쉬운 점을 얘기해달라고 하는 순간 아무 말이나 한두 마디씩 하게 되는 것입니다. 어떤 학습자는 "교육시간이 짧아서 늘렸으면 좋겠다"라고 답변합니다. 또 어떤 학습자는 "교육시간이 길어서 좀 줄였으면 좋겠다"라고 답변할 것입니다. 이런저런 상충하는 학습자들의 의견을 받아보고 걸러내다 보면 실제 양질의 건의사항이 드문 것이 현실입니다. 그래도 침묵 속에 아무 의견을 내지 않는 경우보다는 교육과정을 개선할 단서를 찾을 수 있어 이렇게라도 설문 문항을 다시 설계해서 사용하고 있는 것입니다.

한 주기 말 OKR 정성평가 시에 잘못한 것이 아닌 상대적으로 아쉬운 점에 대해 물어보는 것도 같은 맥락입니다. 본인이 한 주기 동안 잘못한 것에 대해서는 절대 말하지 않을 것입니다. 때문에 같은 의미이지만 표현을 달리해 물어봐야 하는 것입니다. "그래, 잘못한 것 말고 상대적으로 아쉬운 것이 조금은 있을 것 아냐. 그 얘기를 들어보자고." 이렇게 부담을 줄여주어도 쉽게 얘기를 꺼내놓지 않는 구성원이 있을 것입니다. 이럴 때야말로 리더의 '대화의 기술'이 요구됩니다.

충분한 시간적 여유를 갖고 정말 여러 차례 면담을 할 수도 있다는 긴 호흡을 가지면서 끈기 있게 대화를 이어가야만 합니다. 물론, 성급하게 면담을 마무리하고 싶어 리더인 내가 생각하는 평가 결과를 간단하게 통보만 하고 싶을 것입니다. "나도 이제는 어쩔 수 없으니, 너 역시도 이 평가 결과를 받아들일 수밖에 없을 것이다"라고 얘기하고 싶을 것입니다. 이렇게 하면 그 주기만큼은 어떻게 넘어갈 수도 있겠지만, 리더-구성원 간 관계는 신뢰가 아닌 불신과 불만으로 가득 차 언젠가 큰 폭발이 일어날 것입니다. 구성원은 결국 리더가 아닌 그 위 상급자 또는 임원, 인사팀에 면담을 요청하고, 팀 내부가 아닌 외부의 도움으로 평가 결과의 부당함을 해결하려고 시도할 것입니다.

다섯째, 적어온 3~5가지 중에 자신의 당초 계획대로 안 되거나 자신의 준비 부족, 노력 부족으로 안 되어 아쉬운 것이 몇 가지나 있는지 물어봅니다.

여섯째, 동시에 적어온 3~5가지 중에 반대로, 자신의 계획 및 노력과 상관없이 외부환경 때문(불운 포함, 코로나19와 같은 전 세계적 팬데믹 상황 등)에 일이 진행이 잘 안 되어 아쉬운 것이 몇 가지인지 물어봅니다.

잘못한 것은 아니라고 했지만, 이렇게 본인의 글과 말로 작년 대비, 잘한 사람 대비, 본인의 당초 계획 대비 상대적으로 아쉬운 사항에 대해 자각 내용을 끌어내는 것입니다. 리더는 이렇게 구성원이 진술한 서사 내용에 근거해 OKR의 실행 결과를 정성적으로 확인하고, 코칭하고 피드백을 하고 평가하면 됩니다.

정량평가와는 달리 정성평가는 정형화된 계산 산식/공식이 없습니다. 특히 OKR은 성공 확률 또는 달성률이 60~70%인 것, 실적이 '0'만 아니면 되는 것들로 KR을 설정하기에 프로젝트가 종료되어도 목표 달성률이 100%가 안 되는 것이 대부분입니다. 목표 달성률이 100%가 아니기 때문에 대부분 결과만 놓고 보면 실패입니다. 목표에는 미치지 못했지만, 어떠한 노력의 과정, 혁신의 과정을 통해 조직 성장에 얼마나 기여했는지를 리더는 구성원의 서사 내용을 듣고 확인해야 합니다.

💬 OKR의 평가는 이렇게 : 양방향 질문 6가지 대화 시나리오

다음은 지금까지 필자가 설명한 양방향 질문을 통해 OKR 정성평가를 하는 방법에 대한 대화 시나리오입니다.

〈 OKR의 평가 : 양방향 질문 6가지 시나리오(예시) 〉

1. [Rapport 형성]
(평가 면담만큼 부담스러운 자리는 없을 것입니다.
본격적인 면담에 앞서, 날씨, 식사, 건강, 주말에 한 일,
자녀교육과 관련된 얘기를 하며 최대한 편안한 분위
기를 만들어줍니다.)

"지난 주말 정말 날씨 좋던데… 어디 다녀온 곳 있어?
나는 말이야, 요즘 OO이 좋다고 해서…."

**2. [(프로젝트 시작 시 설정한) 구성원의 자기 목표 및 평가
기준, 리더의 강조 사항 기억 여부 확인]**

"우리가 프로젝트를 시작하면서 합의했던 목표와 평가
기준, 그리고 제가 강조했던 사항에 대해 다시 얘기를
들을 수 있을까요?"

3. [목표를 달성한 업무수행 결과 확인]
구성원이 목표를 달성한 일들을 이야기할 때, 과하지
않게 "맞아요. 그때 정말 고생 많았죠. 기억납니다"
와 같은 경청의 제스처와 추임새가 필요합니다.

"앞서 세웠던 목표들 중에 목표를 제대로 달성한 일들은
무엇무엇이었는지 들어볼 수 있을까요?"

4. [목표를 달성하게 된 원인/이유 확인]
내적 요인 → 외적 요인 : 사람은 잘된 결과에 대해서는 내적 요인인
자신의 준비와 노력 덕분이라고 인지하는 경향이 있습니다. 그냥 열심히
했다는 답변에 대해 구체적인 활동 내용을 말해달라고 해주십시오.
구성원이 스스로 내세울 만한 활동을 설명하지 못한다면, 구성원이
잘해서라기보다는 외부 여건의 도움이었을 수도 있습니다.

"그 일(목표의 결과물)은 본인이 어떠한 활동을 통해서 달성한 것인가요?"
"그 일에 도움이 되었던 상황이 있다면 얘기해주세요."

5. [목표를 달성하지 못한 업무수행 결과 확인]
구성원이 목표를 달성하지 못한 일들을 이야기할 때
는 특히 더 경청하는 자세를 취합니다. 목표 달성을
위해 열심히 노력을 한 것은 분명하다는 인정의
뉘앙스로 이야기를 합니다.

"앞서 세웠던 목표들 중에 목표를 제대로 달성하지 못해
아쉬웠던 것들은 무엇인지 들어볼 수 있을까요?"

6. [목표를 달성하지 못한 원인/이유 확인]
외적 요인 → 내적 요인 : 사람은 잘못된 결과에 대해 외적 요인인 환경/
여건/상황 때문이라고 인지합니다. 따라서 심리적 방어 기제를 작동시키지
않게, 어려웠던 여건/상황 이야기부터 하게 합니다. 구성원이 절대 '자기
잘못'을 얘기하지 않으면 리더가 직접 원인/이유를 SBIE 피드백 기법을
이용해 말씀해주십시오.

"아쉽다고 했던 목표를 달성하기 어려웠던 외부 여건이 있다면 무엇인가요?"
"그 일을 하는데 혹시라도 본인의 준비 부족, 노력 부족이 있었다면
말씀해주세요."

리더가 구체적으로 어떻게 질문을 던지고 대화를 이끌어나가야
하는지에 대해 살펴보기 바랍니다.

다만, 필자가 지금 제시하는 이 시나리오 외에도 내가 아닌 다른
사람이 만든 시나리오를 사용하는 경우에 유의사항이 하나 있습니
다. 제시된 시나리오의 내용을 한마디로 "달달 외워서 책 읽듯이
하지 마라"는 것입니다. 시나리오는 시나리오일 뿐입니다. 대부분
의 시나리오는 여전히 문어체입니다. 제시된 대화 시나리오의 내
용을 말하기 쉬운 구어체로 바꾸어야 합니다. 내 평소 말하는 스

타일에 녹여 자연스럽게 대화가 진행될 수 있게 해야 합니다. 그러지 않으면 '발연기'가 될 것입니다. '책 읽듯이 연기하는 연기력 없는 연기자'가 될 것입니다.

많은 기업이 콜센터를 운용하고 있습니다. 물론 요즘은 콜센터라고도 부르지 않고 '고객행복센터'와 같은 이름으로 부르기도 합니다. 필자 개인의 사례입니다. 4개월 전 구입한 65인치 TV 패널에 문제가 생겨 해당 ○○전자 콜센터에 전화를 걸어 AS를 요청했습니다. 저는 저대로 "구입한 지 얼마 안 되었는데, TV가 안 나온다. 일주일째 TV를 못 보고 있다"라고 불만을 얘기했고, 제 전화를 받고 불만 사항을 접수하는 콜센터 상담원은 교육을 받은 것인지, 아니면 눈앞에 고객 응대 시나리오가 있는지 "고객의 행복을 최고로 위하는 상담원 ○○○입니다"라고 전화를 받았습니다. 이후, 일주일째 TV를 못 보고 있다는 제 불만 사항에 대해서는 "고객님, 참 불편하셨겠습니다"라고 고객의 감정에 공감을 표시했습니다. 하지만 제대로 된 본인의 감정과 진정성이 동반되지 않은 상태에서 책 읽듯이 기계적으로 멘트를 소화한 것처럼 느껴져 저는 웃기기까지 했습니다. '제대로 된 감정이입, 공감 없이 배운 대로 외운 대로 말로만 표현하면 이렇게 되는구나'라고 다시 한번 뼈저리게 느낀 순간이었습니다.

이 사례를 아는 지인 강사분께 말씀드렸더니 그분도 비슷한 경험이 있다고 하면서, 콜센터 상담원의 그러한 멘트에 오히려 더 화가 나기도 한다고 하였습니다. 콜센터 상담원의 시나리오와 리더의 대화 시나리오 둘 다 동일합니다. 감정이입, 공감이 포함된 나만의 구어체로 새롭게 시나리오를 소화하지 않으면, 신입 상담원, 초보 아마추어 리더라고 자인하는 것밖에 안 됩니다. 콜센터 상담원도, 리더도 회사가 제공해주는 좋은 교육을 이수한 이후에 잘 배운 내용을 자신의 것으로 만드는 노력이 반드시 수반되어야 합니다.

💬 OKR의 평가는 이렇게 : AAR(After Action Review) 기법

다음의 〈AAR 기법 : OKR 수행 결과 평가〉 표의 내용을 채워오게 해서, 그 내용을 갖고 OKR 수행 결과를 평가하는 면담을 해도 좋습니다.

OKR의 KR은 대부분 실패할 만한 것들로 설정이 되어 있습니다. 따라서 이 평가법은 지금은 실패지만 궁극적인 최종의 성과를 위해 "현재를 어떻게 개선할 것인가? 어떤 교훈을 얻어 어떻게 더 발전시킬 것인가?"에 초점을 맞추어 면담을 진행해야 합니다.

필자는 다른 책에서 가져와 소개하는 양식과 필자가 직접 만든 양식 모두 그대로 사용하라고 하지 않습니다. 모방과 변형이 새로운 창조를 만듭니다. 따라서 이 양식도 자사의 상황에 맞게 마음껏 바꾸어 사용하기 바랍니다.

〈 AAR 기법 : OKR 수행 결과 평가 〉

구분	토의하고 기록해야 할 사항					비고
Key Results	목표로 한 결과물		예상치 못한 결과물		과정 가운데 간접적으로 습득한 것	
원인	Gap이 발생한 원인	예상 못한 성공 요인	예상 못한 실패 요인	나의 잘된 행동	나의 잘 안 된 행동	
개선	스스로 개선시킨 요소	피드백을 통해 새롭게 개선시킨 요소	더 나은 결과를 위해 취할 행동	이번 성공에서 배운 노하우	동일한 과업에서 더 나은 성과를 올리는 방법	유사하다고 판단되는 항목에 대해서는 통합해 기록
성찰	앞으로 반복해서는 안 될 행동			이번 기회를 통해 얻은 교훈		

출처 : HR에듀센터, 'OKR 도입 체계 구축'의 원본 내용을 필자가 수정

💬 구글 사이트에서 소개하는 OKR 수행 결과 평가

OKR은 널리 알려진 바대로 성공 확률 또는 달성률이 60~70% 여도 충분하고 훌륭한 혁신적이며 도전적인 목표를 Objectives 로 설정합니다. 그래서 다음 표의 on target이 0.6~0.7인 것입니

OKRs Scorecard

Objective	
Overall score	
Key Results:	

출처 : https://rework.withgoogle.com

다. 또한, MBO에 있어서의 KPI와 같은 역할을 하는 Key Results 을 갖고 Objectives의 진도를 체크합니다.

다음 OKR 평가표(예시, 186쪽)의 각 항목 내용을 보면 이해가 더 잘될 것입니다. 첫 번째 예시의 Key Results 각각의 점수는 1.0, 0.3, 0.5이며 평균은 0.6입니다. 즉 Objectives의 측정값이 Key Results의 평균값인 0.6이 되는 것입니다.

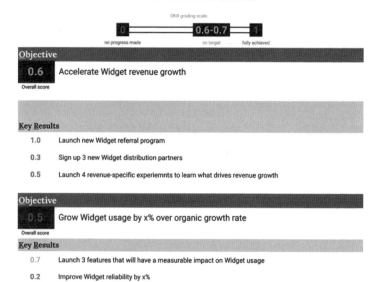

출처 : https://rework.withgoogle.com

두 번째 예시의 Key Results 각각의 점수는 0.7, 0.2이며 평균은 0.45입니다. 즉 Objectives의 측정값이 Key Results의 평균값인 0.45(반올림하면 0.5)가 되는 것입니다.

물론, 이러한 Key Results 각각의 점수 역시 리더-구성원 간 논의와 조정, 합의를 통해 결정되어야 합니다. 리더가 일방적으로 권위를 갖고 독단적으로 점수를 결정해서는 안 됩니다. 독단적 의사결정은 속도는 빠르지만, 그 반면에 구성원의 참여를 통한 구성원의 헌신과 몰입을 잃는다는 큰 문제점을 갖고 있습니다. 구성원의 참여를 통한 헌신과 몰입을 이끌어내고 싶다면, 시간이 조금 걸리더라도 커뮤니케이션의 프로세스를 제대로 밟아야 합니다.

결론적으로 OKR이 만들어진 구글에서 사용하는 양식들은 의외로 단순합니다. 리더-구성원 간 소통이 활발해, 양식이 단순해도 문제가 없는 것입니다. 양식의 내용이 간단해도 리더-구성원 간 납득과 수용의 정도가 높아 문제가 없는 것입니다. 우리 기업의 경우, 리더-구성원 간 소통이 원활하지 못하니 양식이 복잡하고 많은 것입니다. 리더-구성원 간 납득과 수용에 대한 믿음이 없으니, 제도와 시스템에 의존하고 양식과 툴을 계속 만드는 것입니다.

OKR을 연구하고, 강의하면서 느끼는 아쉬움과 안타까움!

이상과 같이 국내외 여러 서적, 그리고 구글 인터넷 사이트에서 제공하고 있는 OKR 관련 양식을 이 책에서는 최소화하여 소개하였습니다. 하지만 일을 잘하기 위해 시스템을 복잡하게 만들면 만들수록 구성원들의 자발성은 그에 반비례해 감소합니다. 제도를 정교하게 운용하기 위해 입력 양식을 복잡하게 많이 만들면 만들수록 아이러니하게도 구성원들의 자발성은 떨어집니다.

구성원들은 여러 복잡하고 다양한 양식에 내용을 채워 넣는 것을 숙제로 생각하고, 빈칸 채워 넣기 숙제를 다 마치면 일을 다한 것으로 착각하게 됩니다. 주객(主客)이 전도됩니다. 새로운 성과창출, 계획된 목표의 달성이 아니라, 빈칸을 어떻게 제대로 채워 넣느냐의 paperwork만이 주요 과업이 됩니다.

OKR을 다루고 있는 많은 책은 OKR을 기본적으로 성과관리를 하기 위한 제도, 시스템이라기보다는 구성원의 일하는 방식을 바꾸는 도구, 조직문화를 바꾸는 도구라고 합니다. 하지만 모순되게도 OKR의 여러 책과 OKR 컨설팅 회사에서는 다시 OKR을 제도로, 시스템으로 접근하면서 여러 절차와 구성 요소, 잘된 표현/잘못된 표현, 주/월/분기 단위 관리를 위한 도구와 양식 등을 소개합니다. 일하는 방식과 조직문화를 바꾸는 도구로써의 OKR에 대한 소개와 해석은 많지 않습니다. 그렇기 때문에 필자는 많이 다르게 접근하였습니다.

앤디 그로브와 존 도어가 어떻게 생각하고, 어떻게 OKR을 만들었는지와는 상관없이 한국 기업에는 한국 방식으로 필요 없는 것들을 덜어내고, 필요한 것들을 더 추가하는 방식으로 OKR을 새롭게 재창조해야 합니다. 앤디 그로브가 피터 드러커의 MBO를 가져다 재창조해내는 과정에서 인텔의 MBO라는 의미로 iMBO를 만들어냈습니다. 이 iMBO가 존 도어에 의해 구글에서 OKR로 새롭게 탄생하듯 우리도 우리만의 OKR을 만들어내야 합니다. 구글에서 하는 그대로의 방식을 똑같이 복사(copy)만 해서는 한국에서 OKR은 절대 작동하지 않을 것입니다.

구글의 기업 문화, 구성원들의 자발성 수준, 인사제도 등이 우리의 것과 너무나도 다릅니다. 미국 구글에서 성공한 OKR이 한국 S전자에서는 성공하지 못할 수 있습니다. OKR이 한국에서 성공하기 위해서는 구글의 OKR을 벤치마킹해오는 것 외에 우리에게 맞는 적용점을 제대로 판단하는 것이 더 중요합니다. 그대로 베껴오는 것은 누구나 할 수 있습니다. 배워오되 그냥 가져오는 것이 아니라 제대로 정확히 알고 배워와야 합니다. 하지만 구글의 OKR을 우리나라 S전자의 S-OKR, H자동차의

H-OKR로 만드는 것은 여러 사람의 노력이 앞으로도 더 많이 보태져야 가능해집니다.

이러한 노력의 일환으로 이 책은 쓰였습니다. 제도, 시스템, 툴, 양식은 조금만 소개하면서, 리더와 구성원이 중심이 되어 우리가 바꾸어야 할 조직문화, 일하는 환경, 일하는 방식에 초점을 맞추어 구글의 OKR을 도입하고 적용하는 데 도움이 되고자 하였습니다.

MBO 방식의 성과관리에서 사용되고 있는 솔루션 또한 OKR에서 사용할 만한 것이 있다면 과감히 재사용하였습니다. 근본적으로 OKR과 MBO는 전혀 다른 것이 아닙니다. MBO가 제대로 작동하지 않는 여러 약점을 보완하기 위해 OKR이 만들어졌습니다. 따라서 MBO에서 OKR로 성과관리제도를 바꾸었다고 해서, MBO 방식에서 사용하였던 여러 유효한 솔루션을 버려서는 안 됩니다. MBO의 약점을 보완하고 강점을 극대화하는 방향으로 OKR은 만들어졌습니다.

우리나라 사람들은 A에서 B로 무엇인가를 바꾸면, 기존 A를 전부 폐기하거나 부정하는 경향이 있습니다. 하지만 그렇게 하면 A와 관련된 여러 쓸 만한 자산들도 같이 폐기되는 것입니다. OKR은 MBO에 비해 목표 달성 수준 결정 방법, 성과관리 기본 사이클 주기 등은 다르지만, MBO의 기초인 '자율성에 기반한 자기관리'와 MBO의 핵심인 '커뮤니케이션'과는 그 궤를 같이합니다. "이건 MBO 방식이잖아", "이건 MBO

에서 사용하던 도구잖아"와 같은 이분법적 사고는 하지 말아야 합니다. 이분법적 사고는 잘해야 절반인 50%만을 갖고 성공할 수 있다는 오만적 사고입니다.

하지만 그렇기 때문에 필자가 취합하고 새롭게 정리한 이 책의 내용에 대해 "그건 정통이 아니잖아?"라고 말하는 사람도 있을지 모릅니다. 하지만 정통은 구글에서만 구현 가능할 것입니다. 한 번 더 강조하지만, 앤디 그로브도 피터 드러커의 MBO를 그대로 사용하지 않고 다르게 사용하였습니다. 그것이 인텔의 MBO라는 의미로 iMBO로 명명되었습니다. 그리고 앤디 그로브의 이 변형 덕분에 오늘날 OKR로 창조된 것입니다. 언제나 그대로 가져와 그대로 사용하는 사람은 잘해봐야 그 수준입니다. 아니, 환경이 똑같지 않으니 그 수준도 안 될 것입니다. 창조적 파괴, 혁신이 새로운 것을 만들어 더 높은 수준으로 이끕니다.

'자유인', '자발성', '자유로운 시간과 공간'

– 필자가 최근에 꽂힌 용어들, OKR의 성공을 위한 필수 구성 요소들

어떤 직원들은 아침에 일찍 일어나지 못하는 대신 저녁 늦게까지 일하는 것이 효율이 더 높았습니다. 반면에 어떤 직원들은 새벽부터 일어나 출근해 오후 늦게까지 일하지만, 저녁 일찍 잠자리에 들어야 했습니다. 어떤 직원들은 사무실에 출근해야 집중력이 오르는 반면에, 어떤 직원들은 출퇴근의 시간과 교통 비용도 아끼면서 편안하기도 한 자신의 집에서 일하는 것이 더 효율적이었습니다.

산업혁명 초창기에는 직원들 다수가 자신들이 원하는 시간과 공간을 선택해 이렇게 자유롭게 일할 수 있었습니다. 하지만 이렇게 자유를 주었더니 그에 상응한 성과를 보여주지 못하는 직원들도 나오게 되었습니다. 자유로운 시간과 공간을 악용해 개인적인 일을 보면서 자신의 몸값 이상의 성과를 보여주지 못하는 직원들. 즉 자본가, 경영주들이 볼 때 여러모로 성실하지 못하고 무책임한 직원들은 문제였으며 해결의 대상이었습니다. 그래도 여전히 다수는 자신의 몸값에 적합한 일을 하는 성실하고 책임감 있는 직원이었습니다. 성실하지 못하고 무책임한

직원들은 다수가 아닌 소수였습니다.

하지만 자본가, 경영주들은 잘못된 선택을 합니다. '빈대 잡으려고 초가삼간 태운다'고, 소수의 잘못된 직원들은 통제하기 위해 '근태관리제도'라는 것을 만들어 운용합니다. 이제 모든 직원은 자신에게 맞는 시간과 공간을 선택할 자유를 잃고, 모두 다 예외 없이 정해진 시간에 회사에 나오고, 정해진 시간 이후에나 퇴근할 수 있었습니다. 아울러, 공장의 경영자 또는 관리자들이 보는 눈앞에서 노동을 하기 위해 모두 같은 공간에 모여 일해야 했습니다. 특히, 초창기 이들은 하루 20시간 노동을 해야 했습니다. 이 20시간이 16시간이 되고, 10시간이 되었다가 오늘날 9 to 6시 근무인 8시간이 된 것입니다. '하루 20시간 노동? 잠은 언제 자고? 그게 가능한 일일까?' 그래서 산업혁명 시기의 도시 노동자의 평균 수명이 30살이 안 된다는 통계도 있습니다.

즉 산업혁명 시기에 자본가, 공장의 경영주들이 일 잘하는 다수 노동자의 개성과 창의성을 희생시켜가며, 제대로 일을 하지 못하는 소수의 노동자를 통제하기 위해 만든 인사제도가 바로 오늘날에도 우리가 사용하고 있는 근태관리제도인 것입니다. 자본가, 경영주들이 직원들을 믿지 못해 통제의 목적으로 만든 것이 근태관리제도인 것입니다. 하지만 오늘날도 이 근태관리제도를 여전히 신줏단지 모시듯이 절대시하는 회사와 사람들이 있습니다. '정시에 출근하지 않는다느니, 일찍 나갔

다느니' 하는 것으로 특정 직원의 직무수행 행동 전체를 평가하려고 합니다.

과거와 같이 현재에도 어떤 직원들은 하루 3시간, 4시간만 일해도 성과를 충분히 창출하고 있을 것입니다. 그것도 사무실보다는 집에서 일하는 것이 더 효율적일 수 있습니다. 굳이 사무실에 출근해 8시간 노동을 시키지 않아도 되는 직원에게 근태관리제도는 굴레입니다. 오히려 3시간, 4시간만 일을 하고 다른 일을 할 수 있는 사람들을 근태관리제도는 3시간, 4시간짜리 일을 일부러 늘려 8시간짜리 일을 하게 합니다.

자본가, 경영주들이 직원들을 믿지 못해 마치 고대 로마제국시대나 중세시대의 노예를 대하듯이 근태관리제도라는 굴레를 만들자, 그 이전까지 노예가 아닌 자유인, 시민으로 자신들이 선택한 자유로운 시간과 공간에서 일하던 사람들이 노예처럼 일하게 되었습니다. 회사의 가축이라는 사축(社畜)이라는 말을 사용해가며 스스로를 비하하는 경우도 생겨나게 되었습니다.

하지만 분명한 것은 이들 모두는 처음부터 사축, 회사의 노예는 아니었다는 사실입니다. 회사가 노예 취급을 하니, 노예처럼 행동하게 된 것입니다. 회사가 어린아이 취급을 하니 모두 다 어린아이가 되어 시키는 일만 하며, 그다음에는 어떻게 해야 하느냐고 묻고 있습니다. 책임을 지고, 벌을 받지 않기 위해 그다음 단계의 일을 스스로 찾지 않고 떠먹여 달라고 입을 벌리고 있습니다.

○○편의점 사업을 하는 기업에서 팀장 대상 강의를 할 때의 사례입니다. 각 지역 단위 영업팀장들의 애로사항을 듣게 되었습니다. 과거와 달리 떠넘기기식 납품이 안 되는 상황이라, 지역별 편의점 여러 곳을 담당하고 있는 영업팀장의 팀원들이 편의점 경영주들을 대상으로 물건 납품을 설득하는 것이 가장 중요한 일이라고 합니다. 자사에게 유리한, 마진율이 높은 상품을 어떻게 해서든 설득해 많이 납품하게 하는 팀원들이 고성과 직원인 것입니다.

이런 상황 속에서 영업팀장들의 불만은 일치했습니다. 담당하고 있는 편의점들에 대한 당일 순회 출장을 마치고 돌아온 팀원들에게 물어봅니다. "경영주들이 뭐라고 해? 납품하겠대?"

팀원들은 이렇게 답합니다. "안 하겠다는데요", "(편의점) 경영주들이 그 물건은 납품받지 않겠다는데요."

영업팀장들은 이 부분에서 답답해하고, 화가 나는 듯했습니다. 안 받겠다고 하는 것이 당연한 것이고, 그렇게 나오면 그걸 어떻게 해서든 자신의 방법을 개발해 설득해내는 것이 팀원들의 일인데, "안 하겠다는데요"라는 말만 전한다고⋯. 요즘 직원들은 어느 지점부터는 눈치껏 스스로 알아서 해주어야 하는데, 안 된다는 말만 하면서 "어떻게 해야 하느냐?"고 한다고. 이런 팀원들이 많다 보니 팀장 역할을 수행하는 데 버퍼링이 많다고⋯.

그렇게 팀장 여럿이 모여 팀원들의 뒷담화를 하는 모습을 보면서, 필자는 마찬가지로 똑같은 답답함을 느꼈습니다. 그래서 여쭈어보았습니다. "'안 하겠다는데요'라고 경영주의 말만 전달하는 팀원들에게 팀장님들은 또 어떻게 말했는지요?" 팀장들의 반응과 답변은 "⋯"였습니다. 그냥 그렇게 듣고만 있었다고 했습니다.

필자는 팀원들이나 팀장들이나 마찬가지로 똑같다고 말했습니다. '팀원이 편의점 경영주'를 설득해서 실적을 올려야 하는데 그렇지 못하고 있는 것과 '영업팀장이 팀원'을 설득해서 일을 제대로 하게 해야 하는 것이 팀장, 리더의 역할인데 그렇지 못하고 있는 것이 똑같다고 쓴소리를 좀 하였습니다. 팀장들 역시 그렇게 소극적으로 일을 하는 팀원들에 대한 영향력 행사, 동기부여를 하는 방법을 어느 지점부터는 스스로 개발해 터득해야 하는데, "요즘 팀원들은 도무지 말이 안 통해요. 말이 안 먹혀요"라고 푸념만 할 뿐 실제로는 가만히만 있다고. 경영진은 이렇게 팀장 역할을 제대로 하지 못하는 팀장들을 보고 답답해하고 화도 낼 것이라고.

경영진은 그들이 직접 팀원들을 일일이 면담을 해가며 일을 시켜야하는데 팀원들의 숫자가 너무도 많아 경영진의 역할을 대신해 수행할 중간관리자인 팀장들을 임명해 자신들의 역할을 위임한 것입니다. 그런데 팀장들 역시 팀원들과 마찬가지로 남의 일 얘기하듯이 한가한 소리를 하고 있는 것입니다. 이렇게 팀장들이나 팀원들이나 자발성, 자율성을 잃고 시키는 일만 하거나, 시키는 일도 제대로 하지 못하는 노예의 수준으로 자기 일을 하고 있습니다.

○○반도체 회사에서 강의할 때도 비슷한 일이 있었습니다. 교육생 중 한 명이 질문을 한 적이 있었습니다. "경영진으로부터 받은 목표 실적과 구성원이 생각하는 목표 실적의 갭이 너무 커 설득이 안 된다. 말이 안 먹힌다. 어떻게 해야 하느냐? 막막하다."

신임 팀장이 아닌 연차가 좀 있는 팀장이 이런 상황이라면 정말 큰일입니다. 팀장으로서 해야 할 제1의 역할을 하지 못하고 있는 것입니다. 경영진이 해야 할 일을 팀장에게 역할 위임한 것인데 가장 중요한 첫 번째 역할을 수행할 방법을 여전히 스스로 개발하지 못한 것입니다. 아니, 어쩌면 못한 것이 아니라 안 한 것입니다. 팀장의 역할을 제대로 배우지 못해 개발을 위한 시도조차 안 한 것입니다.

필자가 또 여쭈어보았습니다.

"'말이 안 먹힌다. 설득이 안 된다'고 하셨는데, 설득을 위한 시도, 면담을 몇 번 정도나 하셨나요?"

"…"

제대로 된 명확한 답을 듣지 못했습니다. 아마도 혼자 푸념만 하였을 뿐이지 문제해결을 위한 구체적인 전략에 대한 구상도 하지 않고, 실행을 위한 시도조차 하지 않았을 것입니다. 그냥 또 가만히 앉아 있기만 했을 것입니다. 이렇게 가만히 앉아서 요즘 세대 뒷담화를 하고, 푸념을 하는 것이 어느덧 팀장의 역할이 되었습니다. 아버지 역할을 제대로 알려주기 위한 '아버지 학교'라는 것이 운영되고 있습니다. 팀장 역할을 제대로 알려주기 위한 '팀장 학교', '팀장 아카데미'가 만들어져 제대로 운영되어야 할 시점입니다.

급변하는 비즈니스 세상! 바쁘다는 핑계로 계층별 필요 역할에 대한 집중 교육이 줄어들고 있습니다. 계층별로 어떠한 역할을 해야 하는지에 대한 적합한 교육이 적절한 시기에 이루어져야 하는데, 실기(失期)되고 있습니다. 필자는 팀장 대상 성과관리 교육을 주로 하는데, 교육 대상인 팀장들이 의외로 성과관리의 기초조차 제대로 모르고 있어, 놀랄 때가 많습니다. 매우 안타깝고 아쉽습니다.

이렇게 **성과관리의 기초, 팀장의 최우선적 역할을 모르는 팀장들일**

수록 주로 찾는 것이 있습니다. 바로 양식입니다. OKR을 도입한다고 하면, "주 단위로 어떻게 성과를 확인하느냐? 월 단위는 어떻게 하느냐? 분기 말에는 어떻게 하느냐?"라고 하면서 관리를 위한 양식, 통제 양식을 먼저 찾습니다. 그리고 필요한 관리 양식, 통제 양식을 확보한 뒤에는 안도합니다. 불안이 제거됩니다. 그게 전부가 아닌데, 다 끝난 줄 착각합니다.

앞에서도 여러 차례 얘기한 것처럼 제도, 시스템, 작성 양식이 복잡하면 복잡할수록 그것을 사용하는 직원들의 자발성은 그에 비례해 작아집니다. 직원들은 복잡한 양식의 빈칸만을 채우면 그들의 숙제를 다한 것이라는 착각에 빠져듭니다. 관리자, 리더들은 복잡한 제도와 시스템, 양식만 만들어놓으면 그들의 관리 책임을 다한 것이라는 안도와 자위를 하게 됩니다.

시스템과 양식은 일을 제대로 하게 하는 지원 도구, 보조 수단입니다. 오히려 직원들을 정말로 믿고 신뢰하는 회사에 복잡한 시스템과 양식은 일을 제대로 하는 데 방해꾼이 됩니다. 자발성과 자율성을 갖고 자신에게 맞는 시간과 공간에서 일하려 하는 자유인, 지식노동자에게 이러한 시스템과 양식은 굴레이며, 근태관리제도와 같은 것입니다. 대다수 OKR 관련 서적에서 각 주 단위, 월 단위, 분기 단위 체크리스트를 제시하고 있습니다만, 가능하다면 그러한 체크리스트 없이 또는 최소화

하여 OKR을 운용했으면 합니다.

인간은 스스로에게 통제력이 있다고 느끼고 싶어 합니다. 하지만 누군가 복잡한 양식을 그려놓고, 그 양식에 내용을 채우라고 하면 누가 시킨 일이기 때문에 갑자기 그 일이 하기 싫어집니다. 마땅히 자신이 해야 할 일이면서도 하지 않으려고 합니다. 다시금 메시지를 전합니다.

"제도, 시스템, 입력 양식의 복잡성과 자율성, 자발성은 반드시 반비례 관계입니다."

효율적 생산을 중시했던 획일, 일사불란의 20세기가 아닙니다. 우리가 지금 살고 있는 21세기는 효율성 중시의 시대가 아니며, 개인의 다양성을 존중하고 창의력을 극대화해 제품과 서비스를 만들지 않으면 생존할 수 없는 시대입니다. 게리 하멜의 말처럼 21세기에는 직원들, 기업의 구성원들을 최대한 자유롭게 해주고, 그들이 마음껏 일할 수 있게 환경을 만들어주는 기업만이 생존하고 성장할 수 있을 것입니다.

결국, '어떻게?'라고 묻지 말고, '어떻게!'의 방법을 찾아야 합니다. '어떻게?'라고 묻는 사람들은 스스로 문제해결의 방법을 찾는 대신, 정해진 답을 떠먹여 달라는 노예입니다. 반면에 '어떻게?' 대신 '왜?'라고 묻는 사람은 자유인, 지식노동자입니다. 이들은 미처 자신이 모르는 일을

해야 하는 이유, 의미를 알기 원하는 사람들이기 때문입니다. 일을 해야

하는 이유, 의미 확인을 통해 자기 의지로 일을 하려는 사람들입니다.

'How?' 대신 'Why?'로 질문해야 합니다.

책을 마무리하며

———————

'성과', '성과주의', '성과 중심' 등 '성과'를
말하는 것은 쉽습니다.

하지만 행동과 실천으로
'성과'를 직접 만드는 것은 매우 어렵습니다.

———————

리더는

제대로 해보지도 않고, 아무래도 안 되겠다는 구성원,

잘 모르겠으니 가르쳐달라는 구성원을

싫어합니다.

교단의 교사, 교수 역시

제대로 풀어보지도 않고,

잘 모르겠으니 직접 풀어달라는 학생들을

싫어합니다.

성과관리(평가)의 강의 현장에서

수없이 많은 질문을 받고 있습니다.

어떤 학습자는

정말 몰라서 묻는 것이 아니라,

본인이 고안해낸 대안에 대해 확인받고,

자신들의 확신을 더 강화하기 위해

질문합니다.

이런 질문을 받는 강사들은

시간이 더 걸리더라도 기쁜 마음으로

궁극적 문제해결을 위해

기꺼이 학습자와 함께합니다.

반면,

문제해결을 위한 최소한의 고민 없이,

자신이 고안해낸 대안 없이

일방적 도움만을 원하는

학습자들이 있습니다.

교육 프로그램의 좋은 강사를 통해,

경영 컨설팅의 좋은 컨설턴트를 만나

문제를 간단히 해결하고 싶어 합니다.

하지만

스스로의 노력 없이

교육 프로그램과 경영 컨설팅의 도움만으로

성과를 개선하고 조직을 발전시켰다는

얘기를 들어본 적이 없습니다.

본문에서 언급한 바 있는 필자의 공황장애 역시

스스로 병을 이기려는 노력 없이

의사의 도움만으로 치유되지는 않을 것입니다.

하늘이 스스로 돕는 사람을 돕는 것처럼

OKR 역시

리더 앞에 놓여 있는 자신의 일과 문제를

스스로 해결해보려는 노력과 고민을 하는 리더들에게

더 도움을 줄 것입니다.

자신의 일과 문제를

남의 일처럼 취급하며

누군가의 도움만을 기다리는 사람들에게는

그 누구라도 도움을 줄 수 없을 것입니다.

어느 순간부터

구성원은 물론이거니와 리더 역시

위에서 시키는 일만 하는 데 익숙해져

스스로 일을 하겠다는

고민과 생각을 하지 않고 있습니다.

지식노동자, 자유인이 아닌

시키는 일만 하는 노예의 삶을 살고 있습니다.

더 이상 여유를 부릴 시간 없이 순식간에 변하는 세상입니다.

책과 강의를 통해 배운 성과관리 레시피에

자신만의 재료를 더하고,

자신만의 연구와 노력을 통해 만든 손맛을 더해

지금 당장 사용할 수 있는 자신만의 성과관리 솔루션을

하나씩 둘씩 제대로 만들어가는

성공하는 탁월한 리더가 되기를 바랍니다.

참고 도서

1. 개리 하멜, 《경영의 미래》, 세종

2. 김경민·김수진·신주은, 《OKR로 성과를 내는 25가지 방법 OKR 파워》, 가인
   지북스

3. 로버트 케플란, 《Strategy Maps BSC의 구축과 실행을 위한 전략체계도》, 21
   세기 북스

4. 서정현, 《The 커뮤니케이션》, 플랜비디자인

5. 아마노 마사루, 《OKR 실천편》, 한국경제신문

6. 앤디 그로브, 《하이 아웃풋 매니지먼트》, 청림출판

7. 이길상, 《OKR로 빠르게 성장하기 OKR & GROWTH》, 세종

8. 이재형, 《THE GOAL : 성과관리 리더십》, 플랜비디자인

9. 이재형, 《THE GOAL 2 : 성과관리, '묻고 답하다'》, 플랜비디자인

10. 장영학·유병은, 《Why를 소통하는 도구, OKR》, 플랜비디자인

11. 존 도어, 《OKR 전설적인 벤처투자자가 구글에 전해준 성공 방식》, 세종

12. 존 휘트모어, 《성과 향상을 위한 코칭 리더십》, 김영사

13. 클레이튼 크리스텐슨, 《파괴적 혁신 : 4.0기업의 생존과 성장을 위한 11가지
    핵심 가이드》, 세종

14. 피터 드러커, 《The Effective Executive》, Harperbusiness

15. 피터 드러커, 《경영의 실제》, 한국경제신문

최강의 성과창출 도구

OKR 실행 5단계 프로세스

초판 1쇄 인쇄   2023년 2월 27일
초판 1쇄 발행   2023년 3월 10일

지은이   이재형
펴낸이   최익성

기 획   김민숙
편 집   정은아
마케팅 총괄   임동건
마케팅 지원   안보라, 이유림, 임주성
경영지원   이순미, 임정혁
펴낸곳   플랜비디자인
디자인   박영정

출판등록   제 2016-000001호
주 소   경기도 화성시 동탄첨단산업1로 27 동탄IX타워
전 화   031-8050-0508
팩 스   02-2179-8994
이메일   planbdesigncompany@gmail.com

ISBN   979-11-6832-046-8 03320

• 플랜비디자인은 독자 여러분의 아이디어와 원고 투고를 기다리고 있습니다.
  책으로 만들고자 하는 기획이나 원고가 있다면, 언제든 플랜비디자인의 문을 두드려 주세요.